幫助孩子成功的八種挫敗

如何陪伴孩子度過逆境，長成內心強大的大人？

EIGHT SETBACKS THAT CAN MAKE A CHILD A SUCCESS

What to Do and What to Say to Turn "Failures" into Character-Building Moments

米雪兒・艾柯德／著
Michelle Icard
劉凡恩／譯

目錄

第4章　成為內心足夠強大的父母　89

第5章　克服挫敗三步驟　101

第10章 不懂得與同儕相處：孤狼 225

第11章 不懂得處理情緒：敏感 249

第12章 無法與家人相處：家中異類 275

給崔維斯（Travis）、艾拉（Ella）和德克蘭（Declan），
永遠如是，別無選擇。

【前言】

經歷挫敗是孩子的珍貴歷練

多數人都拚命想獲得成功。做不到時，更拚命不讓別人發現。

我們都各有掩飾缺點的辦法。我自己最喜歡逃避。舉個例，這陣子朋友一直邀我參加她們每週日下午的心肺有氧舞蹈課，她們邀了四次，而我「一直很忙」。並不是我太不擅於安排時程（這堂課是每週固定時間上課），而是我的節奏凌亂笨拙、氣急敗壞，宛如高速公路上一輛快沒油的老車，而我的女性朋友們卻能像「維珍空姐」（Fly Girls）一樣，輕易跳出蜜西・艾莉特（Missy Elliott）的模樣。我不想被烘托得像個白痴，卻也不希望她們不再邀我，那樣的話，我眞會覺得自己是魯蛇一枚。再者，我總以爲下次自己終將能鼓起勇氣說「好」！或者，很難說，也許是下次的下次？

「逃避」是讓我們躲開痛苦或難堪的常見伎倆。「粉飾」則是另一種。粉飾的意思是你仍然現身，卻利用技巧來掩飾無能。就像把自己藏在舞蹈教室後面的一角（除了有時候教練要大家轉身面向後面。我就用過這招！），或是每當高難度段落來臨時就跑去裝水。有人爲了維持顏面，甚至會「違規」或作弊。（有氧舞蹈要怎麼作弊？你知道的話請私訊我。）這也許不會發生在地區運動中心地下室，但在涉及名利的正規舞蹈大賽中確實不罕見。

逃避、粉飾和違規，儘管不是應付潛在難堪、羞辱的理想之舉，卻屬常見。若我們能抬頭正視自我懷疑，對錯誤一笑置之，旁若無人地舞動身軀（並始終跟不上節拍），其實都會更好。但我們偏偏沒法看透，於是用出各種招式（好的、壞的、醜惡的，甚至不道德的），以免經歷痛苦。

孩子們也不例外。

除了兩大方面。

首先，他們不像我們有那種不去做使我們難堪之事的自由。當然，作爲一個成年人，我必須從事許多我不喜歡的事情，但我也能從多數讓自己尷尬或痛苦的場合中脫身。時至今日我仍不時做這種惡夢：整學期翹掉的數學課正在進行考試。但好在，當我滿身冷汗地醒來，能慢慢意識到自己已經一輩子不用再上數學課了。但我們的孩子是成天面對自己很不擅長的事，而且是每天。從午餐時與人交談，到在全班面前報告、在體育館長跑，他們的日子充滿了社交及情感挫敗的機會。

第二個不同在於，我們大人面對挫敗的經驗已有數十年，而孩子們可不。比賽中沒接到一個好球、一個自己甚至不喜歡的同學無視自己，孩子應該能不必在意這些。但因他們的歷練不足，不明白什麼才眞會影響其社交安全和幸福，而什麼不過是短暫的失意，於是便把這些放大了。

感覺挫敗，不僅是成長過程中一個不愉快的面向，還是必要而珍貴的歷練。孩子從中學到了面對，拓寬視野，變得更有能力和充滿自信，躍升爲自己的進階版本，更別說成爲家中及社群裡更棒的成員。目睹挫敗並不會因此讓它變得容易，但知道該怎麼做、怎麼說，確實能讓事情容易些，這對你以及孩子都是。我們會一一談到這些，但首先我們得建立共識：孩子要能從挫敗中學到教訓，必須能充分信任大人，願意坦露自己。那樣的前提是，大人得先停止責怪孩子把事情搞砸，這包括一切事情，從小小的挫折到嚴重的犯錯皆是。我們必須全力壓制自己的逃避、粉飾和違規，保護孩子不受到錯誤的打擊，進而擁抱挫敗帶來的教訓。

呃……，莫名的一個頓悟：我得去參加那個心肺有氧舞蹈課，對吧？

「印象管理」理論

但怎麼有些人似乎不在乎自己像個傻子呢？他們可能把最近燒焦食物的災難照上傳到ＩＧ，

或告訴同事自己在一次重要簡報前走樓梯時絆倒了、咖啡濺到褲襠上，或是在任何人開口說他們亂七八糟的衣著、車子和房子前先嘲笑自己的懶惰。這些人也許是自我實現的英雄，眞的不在乎自身的缺點。這種人的確存在，而有時，這當中的意義或許不只是表面上的「做自己」。

「轉移」可能是逃避失敗的另一種有效方式。不時分享小小的失手或慘事，能讓眾人看不到你怕的是你眞正失敗的部分。就像魔術師的花招，你把眾人的眼光集中到你剛上傳的炭烤杯子蛋糕，就沒人會去深究你眞正的不安全感：情感關係、工作、債務、自我價値，或是你一場糊塗卻屬正常人類生活中任何不完美的面向，如同每個人極力想隱藏的一樣。

我並不是說你有把你或孩子的挫敗昭告天下的義務。如果那樣，反倒奇怪。我要說的是，我們愈是努力隱藏正常的混亂生活，就會覺得愈糟糕，而感覺愈糟，便愈容易挫敗。搞砸事情並不丟人，而沒能以有助我們學習成長之道來面對挫敗，後果則很不利。

這種想要顯得無懈可擊的驅力，將進入你對孩子的教養當中，不僅因孩子的挫敗不是可愛杯子蛋糕能及，更因你擔心那些挫敗會怎樣地顯示你這個父母，更甚於你的孩子。恐懼常使父母的焦慮變得更爲複雜：首先，你怕孩子的錯誤將無可挽回地傷害他們；同時，你怕這些挫敗不僅是孩子的映射，還是對你這位家長的責難。我們感到孩子的挫敗猶如刻在我們胸前的猩紅色F

（Failure），而我們只能聽憑社群發落。我希望此書能改變這點。

孩子讀幼稚園時，風險比較小。在孩子自行其是之前，你在後頭還有時間解決問題，也仍能依你的規矩形塑結局。當你的九歲小孩不知道怎麼處理糾紛，你仍可讓他們與諮商人員談（或者至少跟諮商人員同處一室），或是仍能把他們帶離危險處境。

來到初中階段，孩子開始獲得更多自主權，其挫折也令人感到風險更高。陷入爭執的七年級生，力氣更大且情緒管控不足，後果更令人戰慄。更別提，當初中的孩子做出愚蠢決定或缺乏同儕已具備的自我約束，他們（及其父母）也比較沒有包容力。

到了高中，當孩子（與其父母）犯錯，大人們和其他青少年的批評更是毫不留情。隨著風險提高，我們付出仁慈和同情的能力卻似乎反向遞減。這可能是因爲我們對青少年在社交、學業或任何面向的挫敗容忍度降低了，因爲他們再過幾年就必須獨立了；也可能是因爲我們擔心他們會以無可挽回的方式，傷害自己或他人。不管是哪種情形，孩子經歷的都是成長過程中極其正常、自然的挑戰，由對抗心理、衝動、沒安全感、缺乏經驗推動著，父母只能期盼找到一個不帶批判的討論空間。

若沒有，我們家長該怎麼辦呢？「噢，嘿！瞧瞧這糖霜黏成一堆的烤焦蛋糕。笑死人了，我眞是一團糟呀！」請把你的注意力就只擺在這怪異的杯子蛋糕上吧！

讀者們，杯子蛋糕從來不只是個杯子蛋糕。

杯子蛋糕是所謂「印象管理」的例子。印象管理是社會學家厄文．高夫曼（Erving Goffman）提出的一種理論，用以說明人們如何爲不同的觀眾群演出某種生活面向。我身爲家長，我爲艾拉與德克蘭演出這個角色。我是作家，我爲你們演出這個角色。我是個朋友，我爲許多我愛的人做此演出。我是個妻子和人生伴侶，我爲崔維斯做此演出。這些演出，即是我們爲各個觀眾所做的印象管理。

其中比較有趣且值得注意的是我們這麼做的動機。高夫曼的印象管理論主張，我們這麼做不僅是想使人刮目相看，也是想藉著旁人的眼光發展出自我意識。觀眾有所回應，我們便能從中更認識自己。有時我們學到的是肯定。孩子畫了一幅被愛心包圍的全家福，於是你覺得自己是個好父母。伴侶傳訊息甜甜地感謝你處理好一樁家務事，於是你覺得自己是個好配偶。

有時我們學到的沒那麼正面，卻很有建設性。那個笑話不太成功，或是幾杯黃湯下肚，你嗓門變大，惹得旁人不太高興。印象管理絕非只是表演歌舞，他人開心，於是你也開心。高夫曼說，印象管理是我們從觀眾投射回來的眼光中所認識到的自己。我們的自我意識，取決於也形塑於他人對我們的回應。

引導觀眾注意那古怪的杯子蛋糕，不僅只是個幾近完美的討喜圖像的心機策展。那是人性的一個基本層面，經過設計，我們從觀眾那裡獲得肯定：我們最大的挫敗，就在一個烤壞了的杯子蛋糕。當你感覺面臨更大的挫敗時，就是那蛋糕上傳網路之時。

在《大家都愛雷蒙》（*Everybody Loves Raymond*）這部影集中，我常回想起的一刻包括雷蒙．巴隆向妻子抱怨客人上門前的清掃工作。「噢！拜託！你幹麼這樣？每次有人要來，我們就得花一整天弄個假的家。」

「弄個假的家」有點像弄個假的人生，費心把不堪入目的挫敗收到床底下或衣櫃裡，不讓人看見，而非從一開始就面對它。

青少年是印象管理這門藝術的大師，或者至少他們在學徒時期就非常賣力。社群媒體已成爲極致工具，但不管青少年手中握有什麼樣的科技，他們總能進行這項任務。達娜．博伊德（Danah Boyd）在她那本精采著作《鍵盤參與時代來了！微軟首席研究員大調查，年輕人如何用網路建構新世界》（*It's Complicated: The Social Lives of Networked Teens*）中，談及早在ＩＧ或Snapchat問世前，孩子如何設法調控旁人看他們的角度。從八卦到手寫字條或信件，從廁所牆上的塗鴉到向人追問資訊，青少年總是把探查別人眼中的自己列為第一要務。

儘管家長和孩子都怕一樁公開的挫敗將如何傷害他們的印象管理，而現實是，在孩子離巢之前都是經歷挫敗的大好時機。不管孩子多麼努力營造出完美形象，完美生活都無法帶給他們教訓，比不上相反的經歷創傷所帶來的價值。在這兩端之間有個甜蜜點，亦即孩子可從挫折的傷痛中學到教訓，繼而找出克服之道。我會在第一章詳細述及。此刻，你可以稍微安心，知道孩子勢將歷經各種失敗會讓你感到困惑、尷尬與恐慌（通常對他們也是，但我往往發現家長受到的打擊更大）。這樣很棒！每個挫敗的中心都藏著一個教訓。這本書將帶你挖

為了孩子也為了我們自己，

我們不該再把失敗視為句點，而應將其看作品格鍾鍊器。

是這樣的：失敗絕非對孩子最糟的事。

實際上，那是最棒的際遇之一。

學著長大的青少年得找出自己的界線、信念與熱情。

失敗，正是一條康莊大道。

掘其中。你將學會認出本質，看到汙垢下的潛能，視挫敗為成長契機而給予擁抱。我會提供工具，讓你把艱困情境化為拋光石，作為孩子前行的根據地。

為了孩子也為了我們自己，我們不該再把失敗視為句點，而應將其看作品格錘鍊器。是這樣的：失敗絕非對孩子最糟的事。實際上，那是最棒的際遇之一。學著長大的青少年得找出自己的界線、信念與熱情。失敗，正是一條康莊大道。

對失敗的反應預示了未來的成長

我剛好知道我這一行的許多失敗。除了撰寫親子書籍和文章、到校園組織談撫育青少年和管理青少年領導課程之外，我還設有一個臉書教養群組：「初中家長放輕鬆」（Less Stressed Middle School Parents），父母、祖父母們齊聚在此，尋找養育青少年的支持、建議、同情和激勵。（該名稱已不合適，因為當中還包含了相當比例的高中家長，他們續留在這個園地，分享他們陪伴孩子走過青春期的智慧。）基於它的安全與隱祕，成員來自世界各地，遂常成為大家尋求協助以應付孩子最近遇到的各種挫敗的場域，如友誼告吹、考試不順、違反規定等等。

舉例來說，一位姑且稱為愛倫的媽媽貼文分享，她十一歲的女兒近來在自我表達及解決問題上的嘗試。她的女兒，姑且稱爲蘇菲，一直央求媽媽讓她把部分頭髮挑染成紫色。愛倫爲了讓女兒高興，也爲圖耳根清靜，便答應了（我覺得很好，反正這只是暫時的，而且染髮也很好玩）。不料母女倆都沒想到髮色掉得那麼快，從紫變藍再到若有似無的灰，前後不過六個星期。蘇菲抱怨自己的頭髮實在很難看，愛倫則安撫她要多點耐性，新頭髮會長出來的。蘇菲無法忍受那麼久，自己掌握了局勢，拿一把剪刀把一大片頭髮剪到接近髮根的位置。在我的想像中，這「之後」的模樣就像碧玉（Björk）遇上悲哀的雛鳥。

我們都有過類似體驗，不管是像這位拿起剪刀的勇敢青少女、反正「說眞的，幫自己剪瀏海有什麼難的？」（非常難），或是像這位太慢驚見這拙劣成品的媽媽。群組的反應相當分歧。很多人稱這是自然後果，她得學著忍受恐怖髮型；另一派說，事實上她碰上問題並試著去解決，我們該爲她喝采；還有很多人說：「給她戴帽子吧。」

但這家庭剪髮算失敗嗎？從沙龍級的標準來說，絕對是。對第二天得上學的蘇菲而言呢？噢，是的。而作爲一個學習或解決問題的契機呢？那要看愛倫怎麼做了。

假如愛倫尖聲驚叫，因這件已多少處罰了蘇菲的事而處分她，這算失敗。

假如愛倫哈哈大笑，傷了蘇菲的感情：失敗。

但假如愛倫了解到當下自己的反應將幫助蘇菲度過眼前關卡並且成長，那就是成功。

你對孩子失敗的反應，將決定孩子是困在失敗裡，還是用這經驗邁向成功之路。

由於失敗這概念如此主觀，我們都曾輾轉難眠，不知是否需要憂慮。今天這場災難預示著未來更大的問題嗎？或者它只是曇花一現，最好忘掉？頭髮會長回來，但未成年飲酒、撒謊、失去友誼、成績難看……，這些也是我們能耐心等孩子過渡的事嗎？此書不僅教你在孩子失敗時該如何反應，也能教你評估哪些是在青少年搞砸事端的正常範圍內（大部分，我保證）。

與青少年、父母及師長共事二十餘年，我知道關於孩子與失敗的某些眞理：

- 每個孩子都會犯錯。
- 所有父母都會犯錯。
- 你的孩子很棒。
- 你的孩子也很煩人。
- 青少年失敗的方式無奇不有。
- 失敗是鍛鍊品格的良方。

• 若有適宜的指引及耐性，多數孩子失敗後都能學會感受成功。
• 青少年失敗的復原和未來的成功要靠消除恥辱感，這對孩子與家長來說皆然。

爲了這本書，我訪問了許多孩子正面臨或走過失敗的家長，他們的故事交織在各個章節中，但因細節屬於當事人，一切可資辨識的資訊都已經過更動，以確保其隱私。

對我來說，要找到願意分享的家長完全不難，我談過的每一位也都告訴我同樣的事：他們做出最有用的一個決定就是，終於跟一些能信賴的人分享他們的故事。而當他們不再隱藏失敗，也正是他們終於能越過羞恥感及不確定感，重新感到樂觀、卸除部分壓力並開始尋覓所需的解決方式的時刻。我同意，這是關鍵。連我自己小孩的故事也散布於書中（同樣經過修飾），以證明我說的，每個孩子都經歷過失敗，即便有「專業家長」（就像以前我孩子的朋友稱呼我的那樣：「老兄，你媽是個專業家長耶，太太太太恐怖了吧。」）也一樣。

本書架構

關於用字：這是一本有關克服孩子挫折的書。事後看，這樣形容孩子大部分遇到的困難是合理的，但若置身崩潰中（因爲溝通、友誼、信賴、自信），感覺上則絕對不只是挫折，而是挫敗。因此，你會注意到我在書中多半使用「挫敗」或「失敗」來形容種種經驗，因爲在你走出崩潰之前，挫敗更能表達出家長與孩子所承受的害怕、沮喪、混亂的情緒強度。

本書前五章將說明何以挫敗是成長和發展的關鍵，其前提是，如果我們能讓孩子消化並從中學習。你會學到，被漠視、羞辱或內化的挫敗將如何阻礙成長，而適當的言語、反應、指引及行爲則可協助孩子邁向成長。我也將介紹你認識「孩子的權利法案」，這是我撰寫的重要文件（雖說是奠基於約二十年的實際工作和研究），希望你能將它引進家中，持續支持孩子的成長與成功。我會讓你認識克服挫敗三步驟：圍堵、解決、前進，並提供許多例子來說明如何實際應用。

本書的第二部分包含八章，每章各談一種挫敗經驗和指引，教你指導孩子汲取教訓，不致進退維谷。當然，從此刻至其終生，孩子搞砸的狀況必不只這八種。如果我要納入各種情境，那麼不僅你得出動起重機把書帶回家，還得叫孩子搬出去，好騰出空間來擺放它們。

這本書把青少年的挫敗大致歸類，好讓你能彈性處理迎面而來的任何差錯，無論孩子出了什麼紕漏，都可參考其中的實用清單和摘要。這八章涵蓋所有青少年幾乎都免不了的挫敗：遵守規定，照顧身體，課業表現，關心他人，與同儕相處，處理情緒，與家人的關係，相信自己。在這些章節中，你會聽到處於類似情境的其他家長的心聲，知道自己並不孤單，而且只因孩子倒栽蔥地摔倒或是老學不會而一直倒栽蔥，也不代表他們是超級失敗者。

你在本書第二部分會看到孩子遇上挫敗的八個家庭，也將看到我先前說明的「圍堵、解決、前進」策略如何在現實中運作。

那麼，這些失敗者是誰呢？我喜歡把他們視爲八種青少年原型。你也許會看到孩子置身其一或好幾種，或是在不同時期來回跳躍，甚至你可能發現自己當初也曾走過其中。

全體人員
- 叛逆（不懂得遵守規定）
- 蠻勇（不懂得照顧身體）
- 邊緣人（沒能跟上課業）
- 自我中心（不懂得關心他人）
- 孤狼（不懂得與同儕相處）
- 敏感（不懂得處理情緒）

- 家中異類（無法與家人相處）
- 板凳球員（無法相信自己）

即使無法感同身受，只要依著度過挫敗三步驟而行，不管孩子碰上何種困難，你都將愈來愈能從容應對。章節安排是從最具體也最好懂的開始，漸次進行到孩子感到社交和情感孤立、父母難以明白的層面。但就像我的其他著作，當你讀了作爲基礎的開頭幾章，即可直接跳到最適合你當下所需的章節，或者你也可依序閱讀。一如既往，我喜歡讀者依自己的偏好展讀我的書。

有關心理健康的重要聲明

什麼不算失敗？心理健康的診斷。

我跟青少年、其家長以及校方共事逾二十年，但我並非醫師或心理學家，因此若你的孩子有生理或心理方面的問題，此書並無法提供醫師和諮商師所能給予的專業協助。儘管如此，書中的一些實用策略適用於所有父母，像是溝通及自我照護的種種技巧。多數家長也能在一探其他父母的處境時得到安慰和力量，理解孩子成長過程中歷經的磨難和考驗。

我把焦點放在幾種常見的挫敗上，家長們說那曾讓孩子在中學時期脫離常軌，而那曾使他們徹夜難眠，把諸多小煩惱織成了大災難。「每個小規矩，孩子都要跟我爭執，這是否意味著他們長大後不再跟家裡往來？滿十八歲後是否就永遠離家了？噢老天，我是不是連孫子的面都見不到了？」

人生雖混亂，仍能相攜度過

儘管我很愛養育兩個孩子度過他們的青少年，我卻也完全能體會身爲青少年的家長，大多時候的辛苦、難測及不被理解。

熬夜等新手駕駛回家。眼見一段長期友誼破裂而傷心。黏著燕麥的碗塞在床底下一個禮拜。毛巾發霉。那些不跟你說話的日子。期待落空。說話不算話。大吵。從傷心到噁心到驚嚇，養育孩子是忍受不適的漫長學習。

我要說的是，我們愈快接受這點（不只是接受理論，而是要實務上接受），就愈早能卸除重擔。這很難，但愈是抗拒，感覺便愈糟。當我們假裝沒看見那些挫敗，那我們就跟把燕麥碗塞到床底下的青少年孩子一樣了。讓我們把髒碗盤拿到廚房窗前的亮光下，一起把它們洗乾淨吧。

【第一部】

坦然面對挫敗

1

認識挫敗與其作用

經歷挫敗對孩子成長的影響

你、我以及所有讀者對於挫敗與成功都各有解釋。有不同的觀點絕對是好事，因爲我們需要各種的抱負、目標、天賦，讓這世界有趣、勤奮、安全、新穎。但我們得重新定義一下成敗，起碼爲了理解這本書。在建立某種共識之前，我們無法展開有意義的對話。

說到重新定義「挫敗」，假如你跳過前言而直接來到第一章，我不希望你錯過用字方面的重要一點。這本書的原文書名談的是挫折（setback），那是當我們從事後的觀點對孩子掙扎的總結。當孩子正處於溝通、信任、自信或情感的打擊當中，那感覺便有如挫敗。在這一章，我們將深入探討孩子經歷挫敗對長大後成功的重要性。

就我看，孩子成功與否不在於達成令人稱羨的顯著成果，而在於能否實現自我，在其感興趣的領域中有所成就，並且找到認同的所屬社群。

當然，這非常主觀，意味著我所認爲的自我實現，在你來看可能並不認同——除非你也超喜歡追劇，還買了假髮，爲你那小群ＩＧ粉絲裝扮成你最喜歡的劇中人物？恐怕不然，但這就是我要說的。整個社會對成功的定義變得過度狹隘，父母得塑造出「完美孩子」的壓力，從孩子出生的第一天就如山大。

我敢說，某人看到你新生兒的第一個問題是：「他們睡得怎麼樣？」這個問題本身並不無禮，我自己也這樣問過許多父母。而最近，行爲睡眠醫學學會（Society of Behavioral Sleep Medicine）主席克莉絲汀．戴禮（Kristin Daley）博士則指出這一問題能帶來多少壓力，那讓新手爸媽發現整個父母社群已開始爲他們打分數。

我們自己的媽媽們大概從來不問彼此這句，因爲(1)誰在乎呀？(2)她們大概猜得出答案：「不怎麼樣，葛萊迪絲！」(3)沒有一堆書、播客節目、臉書群組跟她們念叨睡眠訓練有多重要。詢問嫩嬰的睡眠狀況已是我們評斷父母能耐的最早手段，此後的問題更是沒完沒了。她會走了嗎？長牙沒？他識字程度怎樣啦？身高落在百分之幾？有男朋友沒？有女朋友

就我看，
孩子成功與否不在於達成令人稱羨的顯著成果，
而在於能否實現自我，
在其感興趣的領域中有所成就，
並且找到認同的所屬社群。

了嗎？他升上去打錦標賽的隊伍了嗎？她下學年有進高階班或榮譽班嗎？他申請了哪些學校？

當父母無法熱烈答覆成功的相關問題，恐怕他們會覺得疏離、懊惱和氣憤。看一下網路上的家長社群就能發現，孩子不在同樣一條通往「成功」之路的父母們，是多麼渴望能得到理解和支持。他們不知道要怎麼回答才不會讓對方失望。我並不是建議你別留意朋友的小孩，但那些評定成功的問句，最好換成對感受及興趣的關心，無論那感受及興趣是小孩或父母的。

如果父母會覺得疏離、懊惱和氣憤，那麼試想孩子會有什麼感受。孩子知道同儕跟大人時時盯著、評估著他們的成就，肯定會覺得受傷。美國心理學會（American Psychological Association）報導大學生對完美主義有上升的趨勢，並發現比起批評孩子，父母投以高標期待更易使孩子產生完美傾向，進而導致憂鬱、焦慮、自殘、飲食障礙。當孩子自覺無法滿足父母的期待，便很容易產生所謂的「社會導向型完美主義」（socially prescribed perfectionism），認爲旁人甚至整個社會都要求他們必須完美。

我要說，對孩子抱有期望是很自然的事，例如我期望孩子與人初見面時要有禮貌。但訂出孩子無法達到或是得受苦才能達成的標準，不僅殘酷，也沒有效。你不再是泳池裡，孩子喘著氣幾乎要碰到你的手而你又後退一步的那個爸媽。設定青少年無法企及的成功標準並不能促使他們更賣力，相反的只會讓他們下沉。

父母期待著思索成敗的新方式。我們準備拋棄養育完美子女那不可能的重擔，在社群中找到平靜。這個社群不僅視挫敗爲人之本然，並且認爲挫敗能讓我們變得更好、更聰明、更快樂、更有包容力。

我們生活在一切決定趨向公開化的時代，把生活的所有面向分享到網路上是個重要原因：吃了什麼，投票給誰，到哪裡度假，是否捐款，邀請了誰，前次運動在何時。讓家人、鄰居、粉絲、朋友與暗敵高興佩服的壓力，大到令人崩潰。

社群媒體一則不斷被轉貼的文字這麼寫著：

一聲高喊，給那些不曾贏得獎項、成爲資優生、幾乎留級的孩子們。大大的擁抱，給陪在他們身旁，努力度過這學年的爸爸媽媽、祖父祖母、照顧者和養父母。

那不曾受邀參加畢業舞會、沒拿到入學獎學金、也許一畢業就得去工作的孩子……，你仍值得讚揚，值得眾多稱許你了不起的臉書貼文。

有些孩子得花兩倍力氣才拿到一個C。他們的成就值得肯定。

別忘了這些孩子。

仁慈，創意，慷慨……，很遺憾地，這些品行沒得到應得的嘉許。

此文出自教育工作者戴娜．查維斯（Dana Chavis）。我看到它的廣爲流傳，常稍做更動或有新的體悟，家長們用全部大寫送上感激，向這則強調「成功不只一種」的訊息致意。

假如你因孩子沒得到應得的讚賞而坐立難安（或是他們有得到，在家卻愛冷嘲熱諷、亂七八糟、沒精打采、不知好歹，讓你還是頭痛不已），絕對不要浪費時間擔心那將如何影響他們或你的未來。此書會讓你心安，知道你的孩子不是唯一從父母的夢想中脫軌的孩子。孩子將從那些期待的綑綁中解脫，得以用不同的、有意義的途徑找到成功。當你明白爲何不完美對他們將來的成功如此重要，你就學到了與孩子共度一切的語言，親子都會因此變得更加堅強、知足而緊密。

一些觀點或可成爲推力

思及孩子的失敗，我們常不禁感到糾結，因此最好能通盤去看這件事。以下是我嘗試做到的故事。

二〇〇〇年我生下第一個孩子，也是在這年，我領悟到我再也無法觀賞《急診室的春天》（*ER*）了。

這部以芝加哥虛構的某醫院急診室爲背景的影集，每一集都讓我見識到更殘酷難解的不同狀況，不僅讓我投射到自己的生活中，也意識到那可能會折磨到我的孩子。那塊突起是發展中的腫瘤嗎？那個輕顫是即將發作的癲癇嗎？有人也覺得孩子的那個眨眼過慢嗎？

記者伊莉莎白．史東（Elizabeth Stone）寫道：「生孩子是個重大決定，因爲你決定從此讓心與你分離。」我想那確實發生在某一集的《急診室的春天》。

總之，我記得自己抱著新生的孩子，雙眼盯著在我體外的小小心臟，想著：「這個福氣太大了。必然會隨之發生什麼壞事。誰有這種好運都得付出代價的。」

其他父母證實我們沒發瘋，他們也轉著這類的念頭。如果不爲最微小的可能憂心，我們豈不是在挑戰命運？最好讓宇宙知道我們做足了準備，睡時仍睜著一隻眼睛，指關節扭得喀喀作響，隨時準備上網查核一切症狀或預感。

父母不該永遠活在那種焦慮狀態中，尤其當那嬌弱嬰孩長成無懼的學步兒，再長成無判斷力的小小孩，然後霎時變成毫無衝動控制力的初中生、沒有經驗的青少年，然後他們要求要到你不認識的某人家玩或是向你借車鑰匙。在我們練習正確看待這一切的同時，我們得學會面對脆弱和風險。

是什麼讓我走過這一切的不確定呢？你可能會感到驚訝。是思考一下「死亡」這個概念。就像被視爲地球上最幸福的國家的快樂不丹人，我也提醒自己，一切都有可能更糟，因此僅僅是活著就很值得珍惜。當我開始爲孩子或自己的問題恐慌，我就積極尋找觀點。多數時候，情況再怎麼悲慘、再怎麼令人擔心害怕，那也不是終點，不意味著末日來臨。就像我最愛的小孤女安妮所唱的歌〈明天〉提醒我們的，明天「總是一天之遙」，太陽將再度升起，很多事情都將變得不同。

別把孩子養在溫室裡

你有在栽種花草嗎？假如你是置身於二〇二〇年代初期疫情中的成年人，你大概會成爲一名蒔花弄草的人。擁有植物讓我們能輕鬆照料活物，撫育、照料它們並感到有目的性，是我們在隔離期間迫切需要的一切。疫情期間，居家植物銷售量提高了65%就是明證。

那麼我們能從照料植物中學到什麼育兒之道呢？就我而言，最大的啓發就是：光給植物肥沃的土壤、充足的陽光和水、完善的保護，甚至小小的鼓舞聊天（有七成栽種植物的人坦承這麼做過），並不足夠。撫育並非只是善待對方。溫室園藝家了解到，要讓植物長得健康茂盛，就要讓它們也經歷嚴酷。這個所謂「健化」（hardening off）的過程，包括把苗拿到溫室外冰凍的嚴酷環境中並逐次加長時間，植物因此能日漸強韌，不致被苗圃外的眞實世界嚇到凋萎。

你的寶貝孩子也需要體會逆境才能變得強壯。把適應失敗的機會，視爲讓孩子長成健康、穩定、強韌大人的必經之路。

如何定義失敗

你知道當你不斷重複一個詞，大腦會突然脫軌嗎？你不知道自己是否仍正確發音，更不知道那是什麼意思或者有沒有這個詞。我不希望「失敗」對我們也變成這樣。

在接下去閱讀之前，我們先確定我們想的是同一件事，並且是以同樣的方式。我們很可能都以各自的方式看待挫敗，因此在我們確知彼此想的是一樣的之前，我們無法開始討論。我建議家長在跟青少年子女談話之際，要不時地澄清意義，部分原因是因爲語彙對不同世代有著不同意義（見 catfish、lit、smash、dating、tag 等等），也因爲有些字，例如「失敗」，其承載的情緒重量對每個人都不一樣。那麼我們就來探討一番。

「失敗」字義廣泛，本書的每位讀者必定都帶著對這一名詞的預設概念。以慢性缺乏組織（chronic disorganization）爲例，這從幾方面看似乎像是失敗：

一、代表一種沒學會的技能。

二、可能造成機會的流失。

三、讓周遭的人感到困擾。

比方說，當你發現兒子只偶爾查看電子郵件，因而錯過了申請大學獎學金的期限，你可能會說他的缺乏組織是個重大的失敗。對另一個可能不考慮讀大學的家庭來說，某大學寄來的郵件頂多是諂媚的垃圾郵件。回到原先那個家庭，如果那個不檢查郵件的青少年還酷愛漫遊，渴望去流浪，總愛在日落時分奔向海邊，遠離家族企業的收銀機呢？好啦，這算失敗。第三個家庭的孩子成績全A，打工全勤，但因怕錯失大學的信件而恐慌發作，而當那個孩子出現消化性潰瘍，我們又有了不一樣的失敗。因此，要定義一個完全主觀的名詞是非常困難的。

基於這個緣故，我們且爲這本書採取較寬廣的定義：青少年的挫敗是一種經歷，讓孩子感受到不確定、不快樂、不被接受或者質疑自我價值。

當孩子經歷這類失敗，你應馬上知道那跟你能否灌輸勇氣或信念給他們、予以有效督促或適當鼓舞沒什麼關係。沒人能教孩子躲開人生的失敗。老師當眾糾正他們，教練讓他們難堪，最好的朋友去加入另一群人，心儀的對象沒有回應，夢想的大學回絕申請，身爲父母的我們對這些完全無能爲力。我們不是超級英雄，無法將地球倒轉重設時間，阻止令人難受的事情發生。我們比較像是醫護人員，對世界如何對待孩子無計可施，只能準備提供一些優質的急救護理。

我也要聲明，有時看似失敗的事，其實並不然。

我很想囊括許多情形於此書中，但那有時會對我形成

青少年的挫敗是一種經歷，
讓孩子感受到不確定、不快樂、不被接受
或者質疑自我價值。

道德挑戰，因為我不想把成長的正常部分、為人的正常部分貼上「失敗」的標籤。舉例來說，有些家長跟我提起孩子遇上難關，原因出在學習障礙，或焦慮來襲，或性別認同。我絕不會說有讀寫障礙、焦慮、非異性戀是「失敗」。但從這些處境中的家長看來，在沒釐清原因之前，情況很像是失敗。成績差，遠離家人和朋友，鬱鬱寡歡，健康亮起紅燈，喪失自我意識，這一切都使父母質疑孩子是否走向了失敗，並且理由何在。因此，你在書中將看到一些狀況，它們根本不是失敗，卻在過程中顯得如此雷同。

如何定義成功

要理解廣義的失敗，我們也要對成功建立共識。我想，最棒的定義可從二十世紀中葉的心理學家亞伯拉罕・馬斯洛（Abraham Maslow）的著作中找到。下列條目即是受到他的鼓舞，核心是自我實現，或是用比較現代的語彙來說：成為最好的自己。為了更適合現在的青少年，我稍為做了調整。

成功的標誌有：

- 你安於做自己嗎？
- 你安於和各種人打交道嗎？
- 你能從經歷中學到教訓嗎？
- 你對未來充滿希望嗎？
- 你對所擁有的感恩，勝過對沒有的絕望嗎？
- 你跟其他人有相互尊重的關係嗎？
- 你具備幽默感嗎（特別是不會傷及他人）？
- 你樂於幫助他人嗎？
- 你樂於照顧好自己嗎？

作爲想協助寶貝孩子塑造未來的大人，這份清單能讓我們正確地看待成功。

失敗的作用

我一直深受「習得性無助」（learned helplessness）這個概念吸引，它是馬丁・塞利格曼

（Martin E. P. Seligman）在一九六〇年代末期研究提出的，說明人爲何在艱難處境中會放棄，並且隨著時間而變本加厲。在我的第一本書《中學改造計畫：改善你與孩子的中學體驗》（*Middle School Makeover: Improving the Way You and Your Child Experience the Middle School Years*）中，我提及這個理論，因爲它涉及青少年的社交世界。青少年會因爲很小的社交失敗，像是穿錯衣服、被眾人嘲笑，就立刻感到自己社交無助。這種自我觀感可持續進入成年。二〇一六年，塞利格曼根據最初報告進行後續研究，發現了神經學證據，證實無助感其實是大腦經歷（肢體或情感）痛苦時的預設模式。要想加以克服，必須採取行動改變感受，而非被動忍耐或是等待它過去。

要更清楚這點，可參考塞利格曼一項著名的研究，涉及狗對恐懼的巴夫洛夫反應。我很愛狗，要寫這段並不容易，如果你讀起來不好受，我很抱歉。但讓我們繼續向前，但願這些狗兒在實驗過後得到很多零食以及摸肚皮。在這項研究的第一階段，研究員把狗兒分成三組，全用安全帶綁著。第一組沒受到痛苦。第二組遭到電擊，但狗兒眼前有個面板，如果學會用鼻子去推，就能停止電流。第三組也遭受電擊，但狗兒沒有碰觸面板停止痛苦的機會。

第二階段時，三組狗兒都被單獨放在小箱子裡並遭受電擊。牠們沒有繫安全帶。每個箱子的一邊有個小牆，狗兒只要跳過去，就能躲掉持續的電擊。

在這三組當中，只有之前曾發現停止電擊的面板的第二組狗兒越過了障礙。第一組和第三組狗兒完全沒有嘗試，即便有大好的解脫機會，牠們仍馬上屈於無助。

這項實驗顯示無助是對痛苦及不安的預設反應，並且不僅狗兒如此。塞利格曼又把這項實驗用到人身上，改採大分貝的聲音取代電擊，結果一樣。這項實驗也顯示：情況輕鬆或完美時（第一組），我們沒有學習；情況令人痛苦時（第三組），我們也沒有學習；而當我們感到痛苦，然後成功找出避開之道（第二組），我們就有學到教訓了。

習得性無助這項研究讓我們看見，只有一事能克服我們屈服於痛苦的預設本能：正面經驗。不是盲目的希望或聰明的寓言，也不是眼見他人成功。親自體驗過正面的成功經歷，是孩子學會克服難關的唯一途徑。隨著他們長大，失敗也變得愈加痛苦和複雜，所以家長務必記住這點：爲孩子脫困或操控形勢讓他們避開傷害，對他們沒有好處。

不要爲孩子示範無助

我加入的一個網路群組，最近有位女士貼文求助，說她女兒大學畢業要住進第一間公寓，問大家她該幫忙準備哪些家用品。她開頭很夠力，提出了廚房紙巾、浴廁衛生紙、消毒濕紙巾、淋浴簾、清潔劑、洗衣皂，然後在這六個品項之後畫了一條白線。她說女兒住在自己家裡，我不禁納悶，這個人怎麼會不知道自己的住處該有哪些東西？而這位女兒有沒有能力自問：「嗯，廚房海綿舊舊臭臭的，可能該換新的了。我有辦法解決這個問題嗎？」

在這個狀況中，幫孩子購買家用品並沒有錯，想跟同處境的父母連結也沒問題。讓我擔心的是，那種感覺虛假的無助在眾多家長和孩子之間流竄。就我所見，許多教養群組的貼文也都循著類似模式。

步驟一：假裝無助。「我眞夠白痴的！」

步驟二：奉承別人比你知道怎麼解決你的問題。「猜各位聰明的媽媽們能幫幫我！」

步驟三：提出一個Google十秒就能解決的問題來求救。「我沒發現孩子的餐卡內只剩下62元。現在

為孩子脫困或操控形勢讓他們避開傷害，
對他們沒有好處。

該怎麼辦呢？」

你忍不住想，答案很明顯，讓孩子餓死吧。運氣眞壞！

話說回來，我不認爲家長眞的有這麼傻。我認爲第一位母親知道公寓裡該有哪些東西，第二位則有幾種辦法避免讓她十九歲的孩子吃土：重新下載膳食計畫，或是行動轉帳一百元過去，又或者叫孩子別再浪費，開始去打工賺錢。

許多父母甚至不自覺地採用了以無助而非以勇氣爲主的溝通模式，作爲個人安全網。當大人如此面對挑戰，我們應該可以假設他們沒爲孩子立下處理日常挫折的典範，而是在「支持」孩子踏入一種癱瘓的生活方式。有意思的是，研究指出，經歷危機並不會令人倒下。不管是企業也好，運動也好，危機都是激勵的力量。在企業界裡，危機能促成創新或所謂的成長心態。同一項研究的人員探究傷勢對運動團隊的影響時也發現，當有人因傷而無法上場，其餘成員的表現會更突出。我相信家庭亦然，面臨危機時若我們不示範無助，就能提升到更棒的支持與成功。

強烈的信念能讓孩子避開某些挫敗嗎？

不行。

但強烈的信念可以是孩子克服挫敗的絕佳武器。不過我說的是他們的信念，不是你的。

貓王艾維斯・普里斯萊（Elvis Presley）曾經說過：「信念就像指紋，每個人都不一樣，但你會在你做的每件事上烙下它的印記。」

我找不到這則箴言眞假的證據，而我選擇相信，儘管我很難想像普里斯萊像那些勵志海報一樣指點眾人迷津。我喜愛這則語錄是因爲當他說每個人都有自己的信念時，他是指每個人，沒錯，那意指你家中的每一個成員。貓王這麼說。

家庭信念很有意思，影響我們至鉅，而我們卻幾乎不曾闡明。你說得出你爸媽最重視的五項信念嗎？你確定沒錯？或許吧。有些人的父母可能會具體的跟孩子討論他們的價值觀。

多數人則不然，雖說我們會從各種蛛絲馬跡中竭力拾取。例如：「我媽肯定很看重努力工作，因爲她花了很多時間及心力在她的事業上」，或是：「我媽很重視家人團聚，因爲她花了很多時間爲家人做飯。」這些線索可能導致正確的假設，抑或我們只是把「時間花在X」視爲「重視X」而產生誤解。

我有一個朋友，從小家裡在每個復活節都上教堂。每年這一天他們前往的那所教堂，雖然他們並非那裡的教友，但這棟建築歷史悠久美麗，吸引了大批民眾，尤其是復活節這一天。對她而言，上教堂更像是一個能穿上漂亮衣服參加社群活動的機會。在她有了自己的家庭之後，有天她在閒談中告訴爸爸，她沒讓孩子有特定信仰。讓她意外的是，爸爸對此感到很受傷。宗教是他人生中一塊重要的基石，兒孫們接觸基督教對他而言更是意義深重。而小時很少上教堂，卻讓我朋友以爲不是這樣。

如果孩子了解你的信念對你很重要，那麼你必須做兩件事情。首先，弄清楚自己的信念。很多人大致相信一些事，卻很少會認眞坐下來思索我們眞正有哪些價值觀，並且進一步探索我們何以最堅信其中幾項。第二，將你的選擇告訴孩子。具體闡明你的信念，說明你運用它們的時機與方法。

話雖如此，我卻知道，在孩子面前具體實踐你的信念，不代表他們會跟從這些價值觀。孩子長大成人的其中一件事就是，他們會自己決定什麼是重要的，以及如何據以生活。你或許不贊同，你或許希望他們的信念或自我表達不是這樣，但要讓孩子成爲自主獨立的成人，就是得給他們尋找靈魂相契事物的空間並懂得表達，也允許他們在遼闊的視野中守住這些信念。

當信念起了衝突

信念會隨著我們孩提時的經歷與世界大局而變，代代皆然。也許你的父母重視穩定與儲蓄，以便及早退休，但你重視探索，不介意拿信用卡支付家庭旅遊費用，好讓孩子親睹地球的其他角落。那是你的指紋，沒問題。而你眼界大開的孩子也許跟你有相同的信念，或是覺得自己看得夠多了，反而更重視寧靜安穩的家庭生活。對此你可能覺得無趣，並且在他們不答應你為他們的孩子慶生而規劃家族旅遊時感到傷心，但那非關個人，只是令人失望，而那也是你重設期望的機會點。

有的時候，你跟孩子的價值觀似乎有所衝突。也許就像我朋友的父親，你重視宗教，孩子卻擁護無神論；或是你重視教育，孩子卻決定不讀大學。在發現彼此的價值觀互有衝突時，深吸一口氣吧。此時另一件無可如何的事實是：無論你贊同與否，孩子就是會建立自己的價值體系。所以，存著好奇，別只顧著說你的信念，保持雙向溝通，讓他們大聲說出他們的信念，同時別聽任你的恐懼或評判流露而出。你能夠做的一切就是如此。敞開心懷交換意見，孩子可能因此減低戒心，更尊重你的信念；如果不是，至少你示範了如何在差異中共存，這絕對是我們在家庭和社群中迫切需要的東西。

再者，讓這已夠複雜的課題更迷離的一點是：作爲父母，我們的信念會不會限制了孩子，影響程度又是如何。我舉個可笑的例子：假設你重視健康，因此力行運動，那帶給你極大的樂趣與享受，也深信那使你的身心更爲強韌。你愛孩子，希望他們健康，因此你迫切希望他們也得益於規律的運動。你不時傳遞運動讓你何等開心，你力邀他們每晚跟你一起運動，爲他們建立每日三十分鐘的課表，因爲你知道信念必須身體力行而非只是論述，更重要的是，運動會隨著時間的積累變得輕鬆並帶來更多滿足。

可是你的孩子痛恨運動。你每邀他們早起運動一次，他們似乎就更喜歡久坐。他們的身體正在發生變化，他們爲此缺乏自信，運動感覺令人無所遁形，而非什麼精力、舒適的來源。你硬推，因爲你知道什麼對他們最好，而他們抗拒以對。下一回他們因服從而繞著路邊慢跑，一肚子氣悶，沒注意到路面起伏而絆倒在地，扭到了腳。現在他們擔心拄著拐杖在學校擁擠的走廊穿梭，深怕再摔一跤，成爲眾人的笑柄。一到早上他們肚子就痛，不肯上學，於是他們在沙發上擺個托盤放上電腦，來回在線上課程和YouTube之間，直到腳踝痊癒。你宣揚的運動有益身心，他們的體驗卻是完全相反。

一片好意的父母會想做對孩子毫無疑問的好事，卻可能出人意表、令人喪氣地適得其反。我們認爲信念本身很好，便不可能產生麻煩，而事實上，它們有正有反，就跟所有世事一樣。

往往，我們對孩子最大的希望就是能夠保護他們。這不就是我們身爲父母的第一要務嗎？我們都記得帶寶寶回家的那一刻，不管是在什麼時間以什麼方式，我們都忘不了那份混雜著疑惑的龐大責任感：當整個世界充斥著鋒利邊緣、殺人狂魔、高速飛車、變異病毒，我眞能把這小人兒帶大嗎？

安全是個基本價値，建立在同樣基本的假設上：這在我們的掌握之中，尤其爲了那日益衝動和情緒化的發育中的孩子。總之，重視安全怎麼可能出錯？那簡直像是在說重視運動對小孩不利。喔喔。

當父母重視安全甚於獨立、體驗、學習和成長，孩子就倒楣了。別任憑你保護孩子的驅力（即便那也深植在你的道德觀裡）壓過孩子經歷人生的需要——一個或許提心吊膽卻精采絕倫的人生。唯有透過那樣的經歷，他們才能學會克服挫敗，而非蜷縮在習得無助感當中。

不讓孩子失敗的危險何在？

孩子此刻是正遭逢嚴苛的挫敗或者是幾乎不曾失敗，爲何我們要在乎呢？這似乎是青少年家長們的一大爭議。有些人主張我們應該閃邊，讓他們自己摸索出人生，也就是順其自然之類的。另一派則說保護孩子是父母之責，任由他們失敗便是故意危害其安全，置他們於危險之中，最終使自己成爲失敗的父母。你若讀過我的其他著作，大概就知道我會怎麼說：咱們何不互相讓步呢？

我喜歡中間地帶，部分原因是我不認爲想保護孩子免於受傷而又能給他們足夠的成長空間是可能的。我信奉這句「聰明做事，不要拚命」，我寧可把力氣用在教孩子如何克服無可閃躲的挫折，而不是去揣測問題，豎起人工防護網。就我看，這不僅是此刻比較輕鬆的路，對未來還更有好處。

當整個世代的父母（愛心無限，也可能過於保護）斬絕了青少年孩子時不時搞砸事情的機會，會發生什麼事？我們想出手解救的本能又會付出什麼代價？解決問題、克服困窘、培養應對的技能，這些事都需要練習。不讓孩子難受並練習去度過這些困境，我們就是讓他們長成沒有能力、不堪一擊的大人。

小小孩的家長，你的主要任務是不讓孩子傷害自己。青少年的家長，你的主要任務是讓孩子練習保護及照顧自己。偶爾你仍需要插手，提供意見、期待和規定，但你若奪走孩子學習這些重要技能的所有機會，當他們進入大學、職場和成人關係當中時將會大大的不利。

練習的過程充滿了粗心和草率，令人難以忍受。你也許記得當你瞧著學步兒試圖自主做事時，心中的驕傲和擔憂。搖搖晃晃的手臂舉起那盒巨大的果汁，一些倒進了杯子裡，絕大部分則灑在了地上……還記得那些日子嗎？真是一團亂啊！但如果你從不讓他們搞砸，他們就學不會如何做好。

這關乎孩子的幸福與自信——且不說他們的謀生能力（或是倒果汁的本領）。

「發射失敗」（failure to launch）是成年孩子難以跨入成人狀態和獨立生活的現象，且此現象正穩定攀升中。皮尤研究中心（Pew Research Center）報告指出，一九六四年，二十五至三十五歲還住在家裡的比例爲8%，二〇〇〇年成長至10%，二〇一六年來到15%，儘管二〇一六年是三者中就業率最高的年度，因此失業並非主因。二〇〇五年起，青少年診斷出慢性憂鬱的比例成長了37%，二〇〇八至二〇一八年間，十八至二十五歲族群患有焦慮症者增加了一倍，雖說民眾的病識感、治療的普及與接受度可能有所影響。當然，有些孩子是留在家中照顧親人或是受家人照顧，這有時是文化因素，有時是家族需如此才能繁榮。還有，我們自然無法低估新冠病毒肺炎對年輕人畢業、就業、保持健康等計畫的嚴重影響。排除這些例外，我擔心這些數字顯示出愈來愈多年輕人不知如何獨立生活，以及憂懼子女受挫而將他們「拯救」成依賴者的父母。

對父母而言，最高指導原則可能一直是保護及延續後代，但要確保成功絕非是將孩子孤立起來，而是要透過體驗。我們的職責是讓孩子經歷挫敗，從中鍛鍊出面對錯誤和混亂的能力，如此，我們才能安心打開大門，護送孩子跨過成人的象徵門檻與爸媽家的實際門檻。阻絕青少年孩子從挫敗中學習的機會，我們也就阻絕了他們成長的契機，也阻絕了自己迎來人生後半段辛苦獲得的獨立。

孩子也需要援手

何謂適當的教養，這當中有許多迷思，其一就是不放牛吃草，孩子便學不會獨立。在我到各校的一次

小小孩的家長，
你的主要任務是不讓孩子傷害自己。
青少年的家長，
你的主要任務是讓孩子練習保護及照顧自己。

會談中，一位憂心的母親問我她是否對女兒管太多。如果你讀過我的書就知道，我非常反對事事干涉。具體來說就是，她女兒被學校作業壓得喘不過氣，房間變得雜亂不堪，寸步難行。這位母親看到房間亂象加重了女兒的壓力，便試著教女兒騰出三十分鐘加以整理：「一個整齊乾淨的空間有助你獲得平靜。」但女兒就是辦不到。某天，女兒在學校，媽媽進了她的臥房著手整理。女兒回到家，感激不已。

「我這樣會讓她步向失敗嗎？」這位媽媽問我：「我不想讓她以爲我會一直這樣做，我知道她得學會自己處理這些事。」

我的答覆很簡單：「我覺得提供溫情關懷很好。」我們偶爾都需要援手，也都知道快被淹沒的感受。偶爾互相幫忙助對方脫困，是讓對方感受到關懷及支持的慈悲之舉。

這位母親不希望女兒以爲她會一直幫忙擦屁股，但我向她保證不會。實際上，她只要不每次都出手就好了。

痛苦難免，舒適和安心亦有其必要。成長中的青少年需要更大的責任和機會去學習，包括學會怎麼面對不安，而他們也需要同情與支持，就像我們一樣。

2

讓孩子失敗，社群得以蒙利

麻薩諸塞州劍橋，六年級的我跟新朋友海瑟穿過哈佛廣場，她問我有沒有看過波伊頓（Boynton）。我不想讓她看出我根本不知道她在講什麼，便含糊地說：「噢，也許吧……」一邊拚命想像波伊頓會是什麼。是鬼怪嗎？電視節目？還是陽物？我毫無頭緒！

海瑟把我拉進附近的一間藥妝雜貨店，說我一定得瞧一瞧。她奔向卡片區，抓出一張給我看。我花了一會兒功夫辨識上頭的字：河馬鳥兒兩隻羊（Hippo Birdie Two Ewe）！

「明白了嗎……？」她興奮地問我：「是生日卡片！」

我明白了！那不是陽物，便鬆了一口氣。我當天認識的珊卓・波伊頓（Sandra Boynton），是一位創作迷人插畫的藝術家，常以雙關語和可愛動物爲其特色。十二歲的我還不曉得她非常多產。你可能曾在孩子的幼兒園看過許多她的兒童繪本，像是《上床睡覺囉》（*The Going to Bed Book*）。後來我終於讀到這本睡前繪本了。雖說我絕大多數有關波伊頓的回憶都很正面，但當我回顧高中生涯最大的一個錯誤時，卻無法不想起她頗有名的圖像之一：一頭巨大的象跌坐在地，六隻火雞隨意地棲息在牠的背上，底下的標題是：「別被火雞打敗。」（Don’t let the turkeys get you down）

火雞事件

時間快轉到六年後，我念高一。我申請了一學期的住宿學程並獲得許可，那是一所位在佛蒙特州結合了農場的私立學校。我跟來自全美各地的其他學生一起一週上課六天，研讀古典文學、環境科學、美國歷史、數學、藝術、法文到中午，之後便是農場活兒。該校秉持「吃自己所種」的有機農場哲學，讓我挖馬鈴薯、收成胡蘿蔔、擠牛奶，還有洗碗盤、打掃木屋、登山健行、定向越野等等。

在身心緊繃的那些日子裡，某些時刻簡直有如奇蹟。夜裡，我與朋友躺在田野間，遠離塵囂，盯著此生見過最亮的星星，從中獲得頓悟：在這不可思議的穹蒼下，我是無比的渺小，而那並不可怕，反倒令人如釋重負。我剛好目睹一頭小牛誕生，並看著牠邁出搖搖晃晃的生平頭幾步。我獨自一人在林間三天三夜，身邊只有一本日記、一張地圖、一袋食物、一個睡袋，以及我用防水布和繩子搭起的鬆垮帳篷。一個微微的飄雪天，我在穀倉後面親了一個可愛的男生。

那個學期我學到很多，也成長了不少。我很確定。

我之所以很確定，是因爲我剛剛告訴了你一堆了不起的事，而經歷過那些，誰能不學到些什麼並從中成長呢？對吧？

但我無法確切地說出那些事情對我的影響，除了它們對我的好處。我知道它們拓寬了我的視野，給了我新的經驗與知識，而那絕對是好事。

然而，那個學期在那兒發生的任何事，都比不上我犯的最大錯誤教我更多或是讓我依然歷歷在目。

日常勞務是農場生活與集體生活之必須，我們學生被安排輪流負責。一週兩次，也許是清掃浴室，或打點早餐，或巡視田野看看是否有受損圍籬待修之類的。

大約期中時，輪到我照顧火雞。我得在日出前把自己裹好，以抵禦佛蒙特凌晨冰凍的空氣，在暗色中摸索過恰如其名的火雞坡，倒滿一桶穀子，將它們灑在冷凍草地上讓火雞吃早餐。這工作不是很難，只是有點早。我不怎麼認眞地做了三、四天，然後就……睡過頭了。我逃過一次。兩次。到了第三天，我被站在小木屋門口的農場管理員驚醒。

「你怎麼能這樣對待火雞、對待整個社群呢？你曉不曉得火雞沒被餵飽會怎樣？牠們會自相殘殺！你是怎麼回事？當每個人都在做事，而那些火雞開始互相攻擊，你卻認爲自己可以睡大覺？你怎麼可以這樣啊？」

我得告訴你，那些火雞才剛剛摩拳擦掌，準備自相殘殺。好在牠們全都沒事。話雖如此，牠們確實踏上了那條暗黑的飢餓道路。時至今日，我在坦承這段過往時仍不免渾身發冷。如果那酷愛動物的波伊頓看到這段文字，她一定會恨我。

我怎麼會做出這麼自私的事情呢？我不知道。我沒想過後果？我太累？太冷？我把自己的需求擺在他人之上？以為沒人會知道？我不知道火雞會自相殘殺？我才十六歲？

在同儕面前出糗實在讓人難堪，之後我變得更加退縮了。青春期的我原就內向，擔心自己無法融入這群高成就者，這件事後我愈發彆扭安靜。之後每件任務我都乖乖做好，卻覺得自己怎麼都不屬於這個地方。

從挫敗中學教訓

我怎麼可以那樣啊？回頭看，我看出了那失望的管理員之問，正是青春期的重點：想弄清（多多少少）為什麼我們做的事，說明了我們是怎樣的人。但我們要如何做到這點，弄清楚這一切？青少年的我們，沒能看清整個事態，但年少之美就在我們終將會明白。我們有如初生的海龜，本能知道要撥開沙子爬向大海，即便對潮汐或日光一無所知，也不懂得手電筒與浣熊有多麼危險。青少年的我們，一步一步邁向未知，不管會遭遇多少尷尬難堪、痛苦憤怒的打擊。

那股只管向前的本能，推動著我們最有效的學習途徑：嘗試及犯錯。嗯，應該說是：嘗試及犯錯，犯錯再犯錯。不管是大膽地選擇冒險還是犯了無心之過，我們學到什麼會造成傷痛，什麼不會。我們一再校準內心量尺，直到弄清楚自己能承受多少痛苦，再多就要陷入絕望深淵。

你記得第一次用手指捏熄火柴或蠟燭焰火，好在朋友面前逞英雄？孩子就這樣學著玩火，直到有足夠信心被眞的燒傷。

對我而言，我從那回火雞自相殘殺中學到的，絕對要比閱讀梭羅、使用羅盤或搞懂法語裡的過去完成式更多。那很痛，但穿越那股疼痛，我成爲更好的自己。自知再也不想犯那種錯，我對自己做出重要宣言：這輩子我絕對要避開一切會被要求餵養農場動物的場合。

開玩笑的啦，大體而言。那次讓我眞正學到的是，比起自我放縱的舒服感受，我更遠遠不願感到懊悔。在那之後，我總盡力確保在滿足自己的同時，絕不損及他人的利益，包括我在乎的人與仰賴我的人。

我們將在之後的章節中檢視大人可如何協助孩子從這類挫敗中學到教訓。而爲這則故事稍作結尾，我要分享我認爲讓我沒有陷溺其中的三點：第一，事件過後，那位農場管理員待我一如往常。我繼續衍生的任何愧疚都來自我自己的內心，而非受到再三指責。第二，儘管被當眾斥責讓我很尷尬，同儕們仍繼續往前走。農場生活的快節奏與學業驅使大家不拖延和消磨時間。第三，學期結束了，我得以回到原來的高中，沒人知道什麼火雞事件。我有內建的安全閥。環境的改變讓我得以重塑自己，這對大多數年輕人很有幫助，對成年人或許也是。

「通過儀式」理論

青春期的我，以為隨著時間流逝，自然會成為大人。有一天我將在公共場合飲酒，害怕報稅季節，高談闊論著鳥類（甚至火雞）或政治。成年期，彈指間！

我出生在十二月，幼稚園的年紀分隔點又晚，使得我幾乎一直是同年級中年齡最小的一個。當我十七歲進入大學，相較於眾人，我總覺得自己是個小孩。每個「豪飲星期四」，我甚至無法進去露比星期二（Ruby Tuesday）餐廳吃個炸起司，只因我未滿十八歲。好慘。即便離家八百英里，成人世界似乎仍遙不可及。但透過教育、心理、宗教、社會的一些精采課程，我學到成為大人並不是彈指間，而是一段歷程，並且當你懂得看路標，這段路還頗可預期呢。

就在那些課程中我學到「通過儀式」（Rite of Passage）對於成人的重要。提到通過儀式，也許你想到的是慶祝孩子過渡到成人的一些儀禮：猶太教成年禮、甜美的十六歲生日派對、拉丁美洲女孩十五歲成年禮、天主教聖餐禮、元媛舞會、名流露面會、阿米什青少年受洗前的放飛等等。幾乎每種文化都有某種慶祝方式，有些比較輕鬆，有些則比較恐怖。

初經到來的因紐特少女會在臉上刺青，過程三天，之後再以成年之姿回到家庭中。非洲東部的馬賽男孩會加入獵獅之旅以步入成年。亞馬遜雨林薩特莫部落，男孩年滿十二歲必須到林中找咬人的子彈蟻放進手套中，戴上手套參加舞蹈表演，忍受子彈蟻的叮咬。喔，還有，據稱每一口都比被蜜蜂螫還痛苦三十倍。

噢，你的小孩在被要求放下手機、把優格盒子扔進垃圾桶以免狗兒叼去吃時，是否大發脾氣？那還用說。

在你以爲我是受虐狂之前，我要聲明，我絕對沒有鼓勵你對孩子施以傳統且性別意識有問題的儀式，否則那在《日內瓦公約》底下將構成酷刑。不過，若在某次晚餐聊起通過儀式以拓寬視野，倒能激起有趣的討論。

我不是說我們應該推廣孩提時的痛苦大賽，或相反的如果你希望爲孩子舉辦盛大派對，那也不過分。守則很簡單：別折磨孩子，樂在其中。話說回來，也不該只有這兩種選擇。我相信在螢人蟻和有現場ＤＪ的糖果吃到飽自助餐之間，有著讓孩子眞正跨到成年初期的領域。

這方空間，是失敗遇見救贖契機之境。這是年輕人生命中感到極度不適、深刻而孤獨的時刻，他們必須設法克服，例如致歉、改變行爲或信念、加以賠償，如此之後，才能逐步變身爲大人。

很多父母看不得孩子受苦，總是急於出手安撫或把他們帶開，這也使得孩子一方面難以適當地提高對困境的耐受度，二則如塞利格曼實驗裡的狗一樣，無法學會自己抵擋痛苦。

當孩子抱怨大人間的談話很無聊，你便給他們耳機，讓他們每次吃飯都可以看影片。孩子常跟朋友鬧翻，而每次聽他們說起又一個衝突，你便帶他們去做美甲或是讓他們下載新遊戲。有時這樣做很好，但若

這方空間，是失敗遇見救贖契機之境。
這是年輕人生命中感到極度不適、深刻而孤獨的時刻，
他們必須設法克服，
例如致歉、改變行為或信念、加以賠償，
如此之後，才能逐步變身為大人。

每當孩子受傷你就加以安撫，那麼你若不在了，他們要如何自行應付呢？

答案根植於著名法荷民族誌學家阿諾德・范・傑內普（Arnold van Gennep）的研究，他於一九〇九年首度提出眾所周知的「通過儀式」概念。

透過對世界各個社會的研究，傑內普發現最能成功邁向成人途徑必經的幾個階段是：

1. 脫離所屬群體。
2. 受考驗時期。
3. 得自考驗的學習與成長。
4. 成爲更好的自己，再度回歸群體。①

說到底，通過儀式並非我們今天所想的盛大慶典，是可預期的連續過程。我的童年有著太多的不確定性，於是我深受可預期性和模式吸引。小時候處於家中的動盪當中，這兩樣東西能撫慰我；當了父母之後，看到自己的孩子經常掙扎於成長之苦，一如你看著你的孩子，這兩件事同樣給了我安慰。

希望對此過程的深入理解能讓你稍感心安，或者至少能夠認識到，青春期孩子遭受的看似失敗，可能只是成爲大人這古老的普世歷程的第一步。

當理論遇上實際的人生

當你認識了通過儀式的四個階段，就會發現它們無所不在。任何優秀的成長故事，從《伴我同行》（*Stand by Me*）到《星際大戰》（*Star Wars*）到《致所有逝去的聲音》（*The Hate U Give*），無不沿著這個模式。爲了簡化，我把我的故事放在下面，藉此顯示實際人生與傑內普論述的一致性。

理論	脫離所屬群體	受考驗時期	學習與成長	成為更好的自己，回歸群體
我的實際人生	前往佛蒙特州某農場學校讀一學期，離開朋友、家人與熟悉的生活方式。	面對嶄新的個人挑戰，像是必須早起做雜事，以及搞砸餵火雞一事。	學到關於自我縱容相對於責任的寶貴一課。	帶著新的體悟（不想再體驗那種尷尬）回到家鄉學校，努力成為更好的社群成員。

編按：○為作者註；●為譯註。

① 傑內普把第2及第3點合一。為了更加清晰，我分開說明。

在第一階段，脫離所屬群體可以是實際的，例如踏上旅程；或是精神上的，例如被朋友們排擠。開頭很樂觀，像是拿到一間學校很棒的農場教學課程的入學許可；也可能出師不利，像是被學校停學。失敗或許是這一階段的推手，也可能到了第二個階段才會碰到。

說到受考驗的第二階段，務必記住：若沒有失敗的風險，就稱不上考驗。如果我告訴奧運金牌游泳好手凱蒂．萊德基（Katie Ledecky）：「我要給你一個游泳測驗。請游過這個泳池。」這對她是小事一樁。但若要我接受這個測驗，無疑是糗大了。多游個幾趟，對我來說就像是在玩命，但那是另一本談學不會游泳的孩子的故事了。重點是，眞正的考驗包含失敗的可能。如果父母不把握這個成長階段，就是剝奪了孩子進入下兩個階段：成為更好的自己，接受眾人慶賀，然後舉行派對！

明確地說，我不是只因對你的孩子好，才請你讓孩子受點苦。那對你也好。還有我，以及我的孩子。那對整個社群都是最好的。

從唐娜．傑克森．中澤（Donna Jackson Nakazawa）那本精采著作《邊緣少女》（*Girls on the Brink*）中，我學到「椋鳥效應」（starling effect）這種育兒現象，它是源於椋鳥②侵略性的育兒技巧，例如為了提高自己小鳥的競爭優勢而去毀壞其他鳥巢。以人類來說，椋鳥效應描述父母為了不讓孩子難過而做盡一切，甚至操弄情勢好讓孩子掌握最大勝算，即便這麼做會損及同社群的其他孩子。而其他孩子不僅只是拿到較少的資源優勢，他們也有所領悟：當別人的父母不計一切地爭取自己小孩的最大利益，他們就不會顧慮到我，如此，我置身的環境就沒那麼安全了。

中澤說，我們的育兒時代已從標榜社會利益第一，進入「我家孩子優先」，而那終將傷害到全體。想知道更多打破這個循環的方法，可搜尋蘭諾．史坎納茲（Lenore Skenazy），她以非營利組織 LetGrow.org 領先這股思潮，並因讓九歲兒子獨自搭乘地鐵而被媒體封為「美國最差勁的媽媽」。好一個通過儀式！

做個結論：要長大，你的孩子必須(1)在情感上或身體上抽離，(2)（大多時候）獨自度過困局，(3)釐清自己從中學到的教訓，(4)變得更好、更成熟，然後回歸社群。如果這套公式讓你感到安心，我還有更多的好消息。你的孩子和宇宙自會處理前兩個階段，你只需要參與後兩者，而我會在此提供援助。

②這章談到了不少鳥類知識！火雞會同類相食，椋鳥是混帳。以前誰曉得這些呀？

所以，不管你挑中這本書是想知道你並不孤單，或是回應孩子失敗的實用建議，抑或純粹好奇每賣出第一百本便隨書贈送的螢人蟻及兒童手套，你都會在書中找到你所需的，幸運的話還能改變社會對青少年失敗的汙名化，讓後面的父母更加好過。或許，我們會視之爲這一代的通過儀式。

3

引領孩子安然穿越更多風險

我想要（必須）提醒家長們，獨立是我們全都希望孩子擁有的東西，而那也是不得了的冒險。

年輕人怎麼會想離開原生家庭，獨自去闖蕩這艱難的世道且不知後果會如何？照顧自己，帶有失敗、難堪、飢餓與孤獨的龐大風險。孩子大可享受繼續住在你屋簷下的方便，免付房租和水電費，還可享用一切神奇再生的環保雜貨和食物。由於無從得知他們是否能照顧好自己，你或許認為他們待在家裡才是明智的決定，同時不也是比較安全的選擇嗎？獨立會讓他們置身於許多新的危險當中，從他們本身差勁的決策能力到受人利用。

遺憾的是，青少年的生理運作超越了任何安穩的念頭。嗚嗚。青少年的一些冒險衝動實在很難讓人欣賞，像是超速騎車或開車趕去上學、設立祕密的社群媒體帳號、為了裝酷而喝酒。但有時我們確實很欣賞這股衝動，像是孩子勇於去試演、在校成立社團、做小生意賺錢。你青春期孩子的大腦對我們大人以為的好壞風險一視同仁。什麼風險都好，就這樣。

那是壞消息。好消息是，你那青春期孩子的大腦也能被各種風險滿足。你愈是鼓勵他們放手去做可怕和刺激的事，他們愈不覺得需要偷偷地滿足獨立的渴望。

你孩子的冒險歲月，其中的風險將好壞皆有。有時他們會做些讓自己也擔驚受怕但社會可接受的事，像是搭雲霄飛車或鼓足勇氣邀某人參加校園舞會；有時他們的決定嚇壞了你，像喝到不省人事、拔腿衝過車陣或自拍裸照。你無法控制這些選擇，但你可以做的是，儘可能讓他們做出對的決定。方法就是克制自己保護他們免於犯錯、害怕或受傷的本能，鼓勵他們嘗試更多讓他們感到緊張又刺激的事。劇情於是急轉直下：要保護孩子的安全，便是讓他們冒更多的險。

當你愈擔心孩子的安全，所定的規定愈多，風險就是他們會想：要滿足冒險的本能需求，唯一的途徑就是轉入地下。一旦如此，安全便急劇降低。孩子冒險是否會導致他們受傷？備受嘲弄及羞辱？是的，完全有可能。但若答應他們公開承擔更多風險，他們會比較安全嗎？毫無疑問。風險十分主觀及個人，你會很驚訝，孩子竟會受許多安全的風險吸引。所以，你不必替他們做選擇，只要接受這個事實：青少年就是會做可怕的事情。幸運的話，你的孩子會試水溫，問你可不可以去冒險。我能晚點回家嗎？我能自己去嗎？我可以試試看嗎？我總是告訴家長：退到自己舒適圈的邊緣，踮腳再多退個兩小步，真正想好了再開口說「不」。

避免落入失敗陷阱

避免失敗不是這本書的重點，但失敗周圍藏著一些陷阱，流沙似地讓你動彈不得。繼續前進意味著從每次的挫敗中汲取教訓，讓你成爲更好的人。這些陷阱，是你（作爲青少年的家長、監護人、老師）需要避免的。

失敗陷阱包括：

- **以爲微控就能避免孩子失敗**。有時父母讓孩子避開了水坑，不料卻使他們撞上手拿熱咖啡的行人。手把手地引導孩子（象徵性地或實際如此），有時是有幫助，有時卻反之。想藉此確保孩子不會受傷或是去傷害他人，則是絕對不可能的。
- **認爲失敗很少見或很可恥**。如果你覺得你孩子的某項失敗糟糕至極，那麼你一點兒也不孤單。大多數父母認爲孩子的「墮落」可怕到不堪（因爲對父母來說是如此），但如果你能放下你的觀測鏡，看到每個家庭都各有沉重的處境，你就能卸下羞恥感，在社群中獲得力量。
- **相信失敗會造成傷害，卻不相信它也會帶來成長**。不妨把失敗視爲工具，了解到任何工具都有建設及破壞這兩面。熱到能料理晚餐的爐火也能把房子燒掉，銳利到能把蘋果切半的刀子也能削掉手指。當我們只看到失敗造成的傷害，就錯失了全局。對失敗的恐懼通常也夾雜著對失去控制的恐懼，致使某些父母反覆嘮叨著事情可能出錯，並不斷預言著災難。當你發現自己如滾雪球般地拼湊各種會讓孩子人生偏差的可能時，要把自己拉回來。想想失敗可能帶來的好處。如果你眞想不出來，就繼續讀這本書。

- **堅持認爲孩子失敗了，就無權再失敗**。這個陷阱最大，也最難避開，因此接下來我們將聚焦討論這點。

我知道對許多人來說，最後這點根本違反直覺。只要有可能，好大人都會盡力阻止壞事發生。我們致電市府，報修號誌倒塌；我們警告親友，別跟某間不守承諾的企業往來；回收日之後，我們掃掉街道上的玻璃。如果我們能爲其他人的安全做這些事，豈不更該預防性地爲孩子做嗎？請這樣想：你在保護孩子避免的痛苦是顯而易見的，還是可能發生？若做了這件事就能馬上避免孩子受傷，那就行動吧。回收日之後掃掉門前的碎玻璃，那還用說！但別阻止孩子在車庫前打球，只因你怕一個沒注意他們會摔斷骨頭或被某個戀童癖給綁架了。這類恐懼扼殺了孩子的成長，卻沒有堅實的發生機率。

犯錯的孩子也需保有其權利

我經常參加各種線上育兒論壇，在某個論壇上看到眾人就一名困惑家長的提問，辯論是否應拿走孩子的權利。每當有父母貼文敘說孩子剛捅出的婁子、遇到的不幸或叛逆不馴，這類留言總是會激起廣大的迴響：

如果你住在我的屋簷底下，就不准你這樣。

如果他們再那麼沒禮貌，就該把他們的臥室門卸下。

我付的錢就屬於我。（意思是只要我想，我隨時可以拿走手機、電腦、遊戲機。）

青少年沒有什麼隱私權可言。

世界太危險，沒有我在一旁，不能讓孩子自己出門。

他們的大腦還沒發育成熟，不讓他們出錯是我們的責任。

我知道人們在網路論壇的言論往往並非本意或者未經深思，但眼見眾人對這些情緒的反應之熱烈，應該可以這麼說：有些父母認爲孩子即使搞砸了仍應享有權利，簡直是個荒誕的念頭。

有些權利我們大人很珍惜，但許多父母刻意不讓孩子擁有（像是隱私權、自主權、表達的自由），卻又期望他們離家後能懂得善用。我們希望孩子能爲自己發聲、爲他人喉舌、能批判性思考、質疑權威、尊重權威、以及一切我們所看重的，但我們卻不希望他們在我們家中練習，因爲練習常是一場糊塗、令人難受、教人失望的。

我當然不是在說你家青春期的孩子有權不遵守你的規矩，對你口不擇言，破壞家庭和諧或具體資產。我想探討的是，當孩子搞砸了就反射性地剝奪其權利，這麼做是否眞對他們好。有時爲了安全，確實是。而往往，爲了他們人格的持續發展，答案應該是

如果我們面對現實，
同意孩子要成為理想的大人，
並非從他們離開父母開始，
而是需從青春期漸進發展，
那麼我們就得刻意地讓孩子有練習的機會。

否定的。

相較於單純地嚴格限制、泯除更多災難發生的機會，對失敗保持開放可能造成的後果則相對令人害怕。如果我們面對現實，同意孩子要成爲理想的大人，並非從他們離開父母開始，而是需從青春期漸進發展，那麼我們就得刻意地讓孩子有練習的機會。

一起當公民喲！公民喲！（Let's get Civic-al! Civic-al!）

〔背景浮現奧莉薇亞．紐頓—強（Olivia Newton-John）那首曲子……❶〕別擔心，你不需要爲這個段落抓起你的啞鈴和吸汗帶。我要帶你鍛鍊的是心理，但如果你想搭配原地跑和一點有氧，別客氣，你會更有力！

好，我們都知道，美國是在逐步地賦予青少年社會權利。十四歲還不能開車，十六歲不能投票，十八歲不能買酒。我要說，除了國家賦予的這些權利，每個青少年也都應得到最起碼的基本人權，這是由父母（而非政府）給予，可隨著年齡和經驗而擴大，若違反了重要的安全協議也可被縮減或暫時停權。

美國憲法的權利法案，與青少年建構其版本的需求，兩者有著驚人的重疊（除了攜帶武器和駐紮部隊）。許多憲法修正案可用在當今青少年的生活中。第四修正案：禁止無理搜查與扣押，就是要你別讀孩子的日記或過度監控其簡訊的很好提醒。第五修正案：任何人不得因同一罪而兩次受審，則在提醒我們當孩子犯錯時，不應不斷指控他們犯了同樣的罪行，或者要求他們需一再證明值得我們疼愛。

基於這樣的重疊性，我自告奮勇在這齣眾人期待的《孩子的權利法案》中，扮演亞歷山大・漢密爾頓（Alexander Hamilton）、詹姆斯・麥迪遜（James Madison）和湯瑪斯・傑佛遜（Thomas Jefferson）的角色。我獻上一份類似憲法的有機文件，它可隨著你

❶奧莉薇亞・紐頓—強的歌曲〈讓身體說話〉（Physical）副歌歌詞：「一起來鍛鍊喲！鍛鍊喲！」（Let's get physical! physical!）。

除了國家賦予的這些權利，
每個青少年也都應得到最起碼的基本人權，
這是由父母（而非政府）給予，
可隨著年齡和經驗而擴大，
若違反了重要的安全協議也可被縮減或暫時停權。

的孩子、環境和這個世界一同成長，旨在保護你青春期的孩子與你整個家庭的需求，讓你在做影響你們的決定時有所依據，進入新的領域時能清楚設定目標與疆界。

註：每個孩子都不一樣，而那有時會影響他們獲得權利的方式與時機。你和孩子生命中的其他成人，包括醫護專家、了解他們最深的親友，都需要評估孩子有多少獨立性與責任感來應對世界。

孩子的權利法案

接下來你會看見每項權利的扼要概述，包括其對孩子的持續發展何以如此重要、孩子如何學會善用而非濫用它們，以及父母如何偶爾在不意間成爲阻礙。

之後在介紹青少年特定挫敗的每個章節中，我會重返這些權利，說明哪些最能幫助孩子度過那些挫敗。

孩子的權利法案

青少年有權：

1. 犯錯並有修補的機會
2. 保有某些隱私
3. 冒險
4. 選擇自己的朋友，與同儕相處
5. 練習對自己的身體做出明智的決定
6. 獲得無罪推定
7. 談判與自我倡權
8. 自行決定信奉的理念
9. 就任何議題從各種角度及來源汲取正確資訊
10. 尋求獨立，不被照護者榨取個人、情感、財務上的利益

1. 犯錯並有修補的機會

我們來給這點默默畫顆星。這是所有十項權利裡面我的最愛，亦是這本書的核心。犯錯容易修補難，意味著熟練需要練習。看到許多成人不諳此道，足證我們得及早教導孩子。錯誤常令人難堪、痛苦、惱怒，卻也是人類經驗的一部分。要求完美所付出的代價高昂，諸如飲食失調、自殘、憂鬱、焦慮、共同依存（互累症）。若我們沒讓孩子明白到錯誤本是人生必要的一面，他們將設法隱藏，因爲他們不知道如何處理伴隨著犯錯而來的複雜情緒。當孩子把精力用在隱藏錯誤，他們也就沒心思從中學習了。

要把這點做好，青少年在犯錯後要有機會道歉。想幫助他們上手，你可以教他們什麼叫做「好的道歉」，而在你自己犯錯時也可親身示範一下。

父母何時會造成妨礙？當他們把犯錯講得好像總是能夠避免，過度嚴格，一味要求高成就，嘲弄並羞辱犯錯者，孩子犯錯時讓他們下不了台（尤其是當眾）。

2. 保有某些隱私

要發展出成人性格，亦即了解自己想成爲何種大人，得經過無數的摸索。孩子的人格織布必須歷經各種信念和行爲的嘗試。若沒機會私下進行，孩子可能不願當眾冒險（太過難堪了），於是便失去機會鞏固信念、價值觀、偏好等大人面向。

青少年這方面的練習，要能有相當時間窩在自己的房間，沒大人作陪地安然探索大環境，體驗人際關係但不必揭露細節。

父母何時會造成妨礙？當他們檢查每則簡訊或私訊以防孩子行爲不端，毫無理由地翻閱孩子的日記或手札（好的理由可以像是孩子呈現出自殺或逃家意圖），沒敲門就闖進孩子的房間，因孩子舉止無禮便拆掉其房門。

3. 冒險

青少年的大腦經歷了非比尋常的變化，激發他們尋求刺激的、新的體驗之需求，這讓父母心驚，但也正是這股動能驅使孩子承擔獨立所需的正面風險。當我們限制他們做此嘗試，這股未能被滿足的需求便如芒刺在背，讓他們只能設法暗中解決。

要把這點做好，青少年要嘗試諸如學習開車或獨自搭乘大眾運輸工具、申請進入團隊或課程、發展小生意類的創業或投入新的人際關係。

父母何時會造成妨礙？當他們過度限制孩子去探索大環境，一直監督他們的社交互動，或是不斷強調危險而非契機。

4. 選擇自己的朋友，與同儕相處

在原生家庭之外找到朋友群，是感覺被接納、有自信、有能力的關鍵，而這些正是成年獨立的重要因子。

要把這點做好，青少年要嘗試諸如捨棄不再適合、甚至有毒的朋友，找機會發展新的友誼，與同儕做些看似無意義的活動（無論是在現實或虛擬的世界）。

父母何時會造成妨礙？當他們批評孩子的朋友很奇怪，強迫孩子跟他們不喜歡的人來往（即便他們之前關係很好），不合理地限縮孩子跟朋友活動的時間，或是僅憑名聲或假設就限制孩子往來的朋友。

5. 練習對自己的身體做出明智的決定

儘管我們有責任照顧孩子的身心健康，但到了某個模糊的時間點，我們必須將那責任下放到

孩子身上。也許你留意到這個轉換開始於孩子的小兒科醫生請你離開診間，讓他們私下談談；或是當孩子拒絕擁抱一位家庭友人；抑或當孩子運動受傷，卻因超怕打針而拒打能讓他迅速恢復的藥劑。當孩子在成長過程中沒能練習做出明智的決定，無論是合意擁抱或醫療流程，就很難成為能在他人侵權時據理力爭的成年人。

要把這點做好，青少年要嘗試諸如為自己的外表（染髮、髮型、衣著、耳洞）做決定或參與決定，為重要的醫療決定討論優缺點，當身體受到令人不舒服的矚目時能公開地坦然溝通。父母何時會造成妨礙？當他們制定嚴格的穿著規範，用衣裝「不宜」的批評而把名聲或道德跟外表相提並論，強迫孩子跟親友肢體接觸，強制刮鬍子等文化規範，自行做出醫療決定而未曾問過孩子希望的做法。

6. 獲得無罪推定

青少年處於一種情緒、身體、社會性都不穩定的狀態，這使他們的可靠性有時令人存疑。當下他們這麼說和做，而下次你見到他們時卻整個改頭換貌。這並非人格缺陷，而是不斷變化的發展狀態。身體不肯合作，腦袋充滿自我懷疑，大腦化學物質不停轉換，身邊流動的社交圈讓他們筋疲力竭。當然，孩子的疲憊會以各種不甚令人愉快的方式展現，但那不表示他們存心惹人厭。當他們說出自己的感受，他們需要我們相信，即便他們自己也不太確定那些感受是什麼。

青少年應有這項權利，即便他們推開了你特地準備且他們一直很愛的千層麵，無意跟隨你熱衷的運動或嗜好，更改或拒絕某個宗教，政治上不再與你同一陣線。這些都不是人身攻擊——即使感覺上很像。試想孩子並非想當個討厭鬼，而是在成爲社交上、智力上、情緒上更複雜的人的過程中，努力試圖釐清自己。

父母何時會造成妨礙？當他們總要提醒孩子有什麼缺點，以激烈的情緒回應孩子的行爲，一直說他們比不上家中其他成員，或是剝奪孩子的基本需求作爲懲罰。

7. 談判與自我倡權

獨立思考並不容易，尤其若孩子容易焦慮、習於討好、善於遵從。試著做決定可能結果不佳，但不這樣，孩子又如何能學會找出答案？當他們自認能做出明智而非情緒化的決定時，他們照顧自己的能力便提升了一層，這讓他們能夠挺身捍衛需要他們幫助的人（有朝一日，包括上了年紀的父母）。

要把這點做好，青少年要嘗試諸如找老師重新評量成績，要求打工加薪或升遷，要求新的上床時間，或是力勸心懷鬼胎的友人坦蕩以對。

父母何時會造成妨礙？當他們拒絕說明決定的依據（「我說這樣就這樣」），不准孩子質疑或提出要求。這種軍事手段或許能得到短期的遵從，卻不能讓孩子學會批判性思考或真誠合作。

8. 自行決定信奉的理念

獨立意味著不依賴旁人決定什麼對自己最好。成年人在做艱難的決定時，往往會看那如何影響自己的理念。當孩子沒有機會充分探索自己在家庭以外的價值觀，將來要做決定時，就缺乏了完整可靠的工具箱。而隨著年紀增長，決定只有更難，尤其當你有了自己的小孩之後，因此及早的理念探索是健康成長的重要關鍵。

要把這點做好，青少年要練習清楚地表達自己的理念，與他人展開對各種原則的懇切討論，自在地擁有不同於父母或同儕信奉的價值觀。

父母何時會造成妨礙？當他們奚落孩子的信念，或是堅持孩子必須跟隨他們的理念，沒得商量。

9. 就任何議題從各種角度及來源汲取正確資訊

教孩子從各方面汲取各種議題的正確資訊並不會讓他們做壞事，反而能降低他們受傷的風險。舉個例，跟孩子透明、坦承地討論自殺並不會讓他們動此腦筋，反倒減少了他們落實此念的風險。性、避孕、非法藥物、施打疫苗、政治、戰爭、貧窮、宗教，都是同樣的道理。學會從多方面取得資訊，讓孩子對外在的世界展開探索時，能做出明智而不再只是情緒性的決定。

相關的練習包括研究感興趣的議題，根據多種新聞來源討論政治及選舉，投身自認有意義的項目擔任志工，有信心與大人進行相關討論，與背景不同的人分享餐點或個人經歷。

父母何時會造成妨礙？當他們封鎖或貶低有效的新聞來源；堅信想法不同的人就是壞人；拒絕認可專家的知識勝過一般大眾；從不承認作爲父母，他們也會有錯；主宰家庭理念，誰不順從就予以處罰。

10. 尋求獨立，不被照護者榨取個人、情感、財務上的利益

我想到經典的童星例子，就像詹妮特・麥柯迪（Jennette McCurdy），母親培養她成爲明星，把她當作搖錢樹和情感支柱，卻不管這麼做重創了女兒的健康及幸福。而這項權利的應用範圍更廣。即便尋常家裡的小孩，雖沒有早年成就的壓力，也可能經歷此種「糾纏」：父母仰賴其支持或安慰，而那原是該由其他大人提供的。

練習情感獨立，像是被鼓勵跟父母之外的人學習或享受新事物（例如參加營隊、與學校同學或朋友出遊、在家庭友人家裡過夜），或是做對自己未來最好的決定——即便那不是父母眼中的理想未來。

父母何時會造成妨礙？當他們要求孩子安撫其情緒；用孩子的收入支付無關家計的個人費用；告訴孩子，他們的快樂繫於孩子與他們的緊密度或眾人眼中孩子的成就。

每個孩子都擁有同樣的權利

孩子的身分，有時會決定他們獲得多少權利。這個世界上，種族主義有之，恐同症有之，排外主義有之，跨性別恐懼有之，厭女症有之，階級歧視有之。很遺憾地，我們沒有信心那些遭邊緣化的孩子能受到師長、教練、店家、公僕、旁觀者的公平對待。就我的工作經驗來說，在少數族群中養育子女的父母（無論是就性別、性向、膚色、宗教、身心障礙、國籍而言），都有著令人痛心的恐懼，深怕孩子的尊嚴遭到外界大人的踐踏，不被接納，安全可慮。我希望我們都能傾聽他們的恐懼，確認他們的憂慮，必要時伸手相助，保護所有年齡的孩童免受大人惡意的批判或對待，同時彼此提醒，所有的孩子都應擁有獨立及探索而成爲大人的權利。

對孩子的權利有所理解後，我希望你感到有信心，當你要支持你愛的孩子走過挫敗，你是有著堅強的基礎後盾的。現在，就讓你整裝待發吧！

4

成為內心足夠強大的父母

如果你挑中這本書的原因是孩子著了火（隱喻式地），你大概也吸入了不少二手煙。那麼，在我們探討如何幫助孩子之前，先關注一下你自己的需求吧。

評估自己的反應模式

當你意識到有事情會傷害到孩子（無論是他們自己的作爲、旁人的錯或是純粹倒楣），那麼你必須插手，扮演父母的角色。這方面的途徑有很多，就看你平常怎麼處理威脅。

想像一下：你那快十五歲、希望能進曲棍球校隊的兒子一直熱愛運動，但球季開始不久，你留意到他的態度有所不同，只有在你問起練習狀況時才咕噥兩聲。他隨時像座火山一般，無緣無故對家人發火。現在，他最好的朋友的爸媽告訴你，他們聽兒子說球隊欺負你兒子，起先也許只是好玩，後來變成了言語霸凌。你兒子不知道你已略知此事。這時，你該怎麼辦？

意識到家人受到威脅時，你的反應是……

- **戰鬥**？你當下勃然大怒，立刻致電教練狂電一頓。你把這情況告訴你碰到的球員家長，串連大家跟教練談談。看到你覺得是隊中領頭羊的球員，你便毫不客氣地怒目以對，好讓他們知道你心裡有底。

- **逃跑**？夠了，你讓孩子離開球隊。這個週末，你可以帶全家到山上走走，並藉機告訴兒子這個球隊不適合他。說到這，校方恐怕也難辭其咎。在家自學會不會比較好？你會仔細過濾社區的曲棍球課程，不用再面對那群混帳。
- **僵住**？此事非同小可，兒子又不曉得你已經知道了。此外，消息來源說不定沒搞清楚全貌，或者多少誇大其詞了。哪個孩子沒被酸過？成長就是這麼回事，尤其是運動員。六神無主之下，你決定無所作爲。再說，如果做了什麼，搞不好使得情況更糟。
- **討好**？你的胃痛了起來。一想到兒子被欺負，你就擔心的不得了。關鍵就在轉圜，安撫眾人，讓大家重展笑顏，你可以停止擔心，讓腸胃舒暢些。你買了三盒甜甜圈帶去練習場，權充和平大使。也許當你暖了全隊的心，大家會比較明智。你會讓大家了解你兒子有多麼可愛。你向教練致謝，熱情地鼓舞全隊，在兒子走向車子的途中擁抱他，說他表現得何等精采！難以置信！無懈可擊！

戰鬥，逃跑，僵住，討好。面對威脅，這些反應都不錯。你的本能反應可能來自年幼時首次面對危險時，於是深植心裡，意味著那在當時對你頗有成效。

然而當時有用，並不代表今天仍是最好的工具。該學學專業整理師近藤麻里惠了，對那些效用不再的工具獻上一吻，感謝它們曾帶來的保護或安慰，然後鄭重地放到捐贈堆中，騰出空間給新的應對手法。

沒人能告訴你哪些方法最適合你，但你不妨從過去反射本能的反面做起。假如你習於避免衝突，那麼試著寫下你的感受，然後對那些感受展開直率的溝通。假如你很容易動怒，那麼試著先靜心冥想，不要馬上回應。祭出相反招式，很可能讓你找出什麼方式最適合成年的你。

當你只有鐵鎚，一切看起來都像釘子

這句諺語源自心理學家馬斯洛：「當你只有鐵鎚這樣工具，我想你很容易把每樣東西都視爲釘子。」這是很好的提醒：我們會善用手中所有，但若工具不夠，也將大大限制我們能有的反應。你的本能反應將決定你面對（或逃避、漠視）問題的方式，包括你的孩子經歷挫敗這種問題。了解自我本能，你將能更寬廣地研究整體，找出最能解決問題、而非最順直覺的途徑。

孩子受到的威脅會讓你想起童年的創傷，儘管如此，你最好提醒自己已經是個大人了。你經歷過許多，也比小時候正設法充實生存工具箱的你擁有更多工具。觀察自我反應，檢視其中模式，省思你是否有拿出此刻最好的工具。練習多種回應方式，別讓本能主導一切。避免仰賴一直以來的衝動，就能讓你的回應組合多元化。

探索另一個角度也很有價值：試想面臨威脅的不是孩子而是你，你的反應會有何差別。當變得有攻擊性的不是你兒子的曲棍球隊，而是你的同事、鄰居或臉書朋友？當他人的言行令你感到受攻擊，相對於孩子的受到威脅，你的反應會一樣或者不同？你變成鍵盤戰士（戰鬥）？你開始找工作、看房子或加入新的社群（逃跑）？你請病假，並拉下百葉窗（僵住）？你立刻道歉，想跟攻擊者交朋友（討好）？

你代表孩子時如何反應，代表自己時又如何反應，那些反應帶來何種結果？對此深思一番，價值斐然。別期待老習慣一夕能改，但僅僅是留意自己如何選擇就能漸漸培養出更多技巧，需要時挑出最適合的反應，而非只能依反射而行。

平息壓力反應的技巧

若眼前的處境使你感到焦慮、憤怒、恐懼、懷疑，那是合情合理的。我從許多很好的諮商中學到，當你處於壓力狀態，身體會有明顯反應。你可能注意到自己額頭冒汗，肌肉緊繃，頭痛欲裂，心跳加速。你或許會耳鳴、呼吸急促或亂了節奏。

當身體受到壓力攻擊時，可能很嚇人並十分耗神。如果你懂這感覺，就知道要叫自己別這麼感覺很難。

你的心思疾馳，渴望能掙脫這折磨，然後愈來愈激動，迅速衝向痛苦邊緣。我們人類總以理性、創新的解決能力自傲，但碰到危機時，大腦卻整個棄我們於不顧。

一窺見威脅，身體透過自主神經系統立刻泵血並釋放腎上腺素，讓你的肢體能夠反應（例如：「有熊！快跑！」）。而在面對不會造成身體傷害的威脅時，卻也不幸地有此作用（例如：「嘿，小鬼們，竟敢戲弄我的孩子！」）。此時，務必要能緩衝一下，緩和肢體症狀後，再試著運用大腦。

以下幾種方式有助平息劇烈的壓力反應，讓你能啓動智慧周到的大腦：

- **專注呼吸**。我知道你曉得這個方法，但人在需要時卻很少記得它。當你只是被惹毛而非處於危機時，養成留意自己呼吸的習慣，練習平靜緩慢的吐納。數息也有幫助：吸氣數兩下，吐氣數兩下。能夠的話，可延長時間。

- **改變身體動作**。上下跳躍，快走，做伏地挺身，握拳再放鬆。你必須干擾肢體反應，此時大腦無法指揮，就得以毒攻毒，用動作對付動作。
- **凝神留意五官所能察覺者**。觀察周遭，列出你嗅到、嚐到、看到、聽到、感覺到的一樣事物。繼續重複，直到你覺知當下。
- **改變位置**。找一個能夠讓你比較平靜的地點，或坐或站或躺。利用椅子、地板或牆壁當支撐會比較舒服，藉此讓大腦從恐慌中回復過來。

從小問題開始練習這些技巧。你是不是把雞放進烤箱後卻忘了定時，然後「嘿，孩子們，今晚是披薩之夜」？你把昂貴的亞麻襯衫烘到縮成娃娃裝？車陣中被某人插隊進前面？每天都有很多練習這些技巧的機會，好好把握。訓練有素之下，等比烤焦的晚餐嚴重許多的大事發生時，就比較容易派上用場。

馴服大腦

你照顧好自己的身體反應，有益於大腦清出運作空間。以下方法有助你做好面對挑戰的心理準備：

- **暫時體會一下痛苦、憤怒或迷惘**。你得先知道自己的感受，才有辦法前進。先讓自己當人。把被子蒙住頭一天（或兩天，我通常需要兩天）。世界會等你的。
- **換個角度**。感覺很糟時，沒有人喜歡聽到「事情沒那麼糟」或「至少你還有地方住、有狗兒、有健康等等」這樣的話。但等你沉澱一陣子以後，記住這並非世界末日應該會有所幫助。
- **戴上手套準備幹活**。此刻你的身心就緒，接著就該決定要做什麼，然後動手去做。手套純粹是比喻，樣式決定在你。也許這個挑戰需要那雙院子用的陳年皮手套。也許該戴上拳擊手套來衝破難關。也許你需要醫療等級的手套來清理這些穢物。也許你需要柔軟、能蓋過手肘的喀什米爾高級品，這樣處理起挑戰來心情會比較好。針對眼前的挑戰，挑選適合自己個性的工具。

仔細觀察

這往往關乎換個角度看事情。「好吧，事情可能更糟」這話挺有用的。你看到孩子的房間亂成一團，「好吧，事情可能更糟。」你的孩子有一、兩個朋友，卻沒有能去參加足球賽的一堆夥伴，「好吧，事情可能更糟。」孩子不愛讀書卻很愛動手實做，這不只是「好吧」，而是「太棒了」！別把你的擔憂跟他們的問題混爲一談。觀察孩子的實際作爲，而非你眼中的問題。

很重要的一點在於：觀察不是窺探。如果你翻開每顆石頭找問題，不管那問題是眞的或僅是可能的，你都會無聊而死或是替自己製造出無謂的焦慮。你不用看他們所有的簡訊、每天上網檢查他們的成績，或是不斷聯繫老師、教練、同學以確保一切都好，讓自己身陷青少年起伏不定的生活當中。把觀察想成參觀美術館，仔細欣賞展出的一切，卻不要越過紫色絨繩，探看畫作的背面。

用心留意

有時候，失敗的聲響是如此巨大而清晰。警方或校長的來電就是明確的提示！但更多時候，失敗的腳步輕不可聞。以下是值得留意的一些事：

- 不只一位你信任的人告訴你可能有問題或是提過多次？有幾位老師說你的孩子上課不專心？好友幾次提起你的孩子一直說很恨學校？不用理會大眾隨口的謠言、笑話或曲解，但了解你孩子的人所透露的訊息則要注意。
- 你有發現孩子的情緒反應變得連他們自己都難以承受，對家人及朋友也形成負擔嗎？傷心和憤怒占據了他們生活的大部分，也波及了家庭的快樂時光嗎？青少年的情緒起起伏伏很正常，有如雲霄飛車似地緩緩爬升，然後高速墜落，曲折迴轉。各種不可預期的情緒充塞著青春期。但如果孩子下了雲霄飛車坐上雪橇，可別等著瞧他們往哪兒去。那是筆直的下坡。他們需要你協助拉起煞車。
- 孩子面對困難的直覺反應，是否對解決問題形成阻礙？也許你可以跟他們分享你自認屬於何種類型：逃跑、戰鬥、僵住或討好，然後請他們觀察自己的屬性。以你自己爲例，透過一些好的示範和討論，此時或許正是擴充他們工具箱的好時機。
- 你有用心聆聽嗎？他們是否暗示著什麼大問題，而你卻沒留意或叫他們壓下那些情緒？你是否漠視了他們的掙扎，或僅視之爲青少年的舉止？

在此觀察階段，應儘可能保持謹愼與冷靜。若發現孩子兩週來陷入憂鬱當中，毋須致電醫院、強迫他們出門、每晚拜託他們回到往常的生活。觀察與留心，就能察覺或可避免的危機。毋須恐慌。

此時該相信自己的直覺嗎？或許。那要看你的直覺是否値得信任。想想你的打或逃反應，謹記你特有的直覺——那知會你本能、直覺、理解、反應的心靈部分——是由你特有的人生經歷鍛造而成。這也許有幫助。舉例來說，如果你被自戀者撫養長大，你可能對孩子周遭有控制欲或操縱欲的人特別敏銳。這也可能有害處。假如你不曾花必要的時間（且說實在的，受惠於專業諮商的客觀指引）充分處理自己被自戀者撫養長大的經歷，你的直覺就可能驅使你去討好自戀者，希望他們流露好的那面。直覺並非萬無一失。在你聽憑它主導和決定之前，務必仔細加以檢視。

最後的免責聲明：有時候觀察是有用的，但就像直覺，它也不是萬無一失。當孩子的狀況出乎你的意料，請千萬不要自責。人都善於僞裝，青少年更擅於隱藏自我。那是成長過程中基本而普遍的一面。盡心去觀察，至於你無法探知的則毋須感到愧疚。

5

克服挫敗三步驟

各位女士各位先生，站過來站過來！這個神奇滋補液能治癒禿頭，淨化心靈，帶來無限喜悅！只要三個簡單步驟，您就能踏上身心舒暢、財源滾滾的光明大道！

沒人喜歡賣蛇油，但這段推銷確實有其誘人之處，是吧？所以我也跟進。只要三個簡單步驟，各位，你就能擺脫挫敗，成為你一直想成為的饒富智慧、備受尊崇的成功人士！

我是說眞的。

雖然我拿嘉年華會賣藥的說笑，但談到過程，我是很認眞的。表面上，三個步驟好像太過簡化這麼一個壯舉，但也有其道理。我的確是在刻意簡化。面臨危機時，沒人能遵行複雜的指示。萬一身體著火了，你知道如何做，對吧？停住，倒下，翻滾。假如週六早上卡通時段的公益廣告或小學生到消防局的年度校外教學，給出十五道火災逃生步驟，你必定會驚慌失措，然後不用說，你知道後果會怎樣。

要逃過火災，除了停住、倒下、翻滾，還有各種做法。你可以打一一九，可以驚叫，可以打開門讓寵物逃竄，可以在臉上蓋濕毛巾，以及其他。只要能辦到，這些做法都很好，但保持扼要是危機求生之道。我要借用這個三步驟方法度過挫敗，並從中成長。我還會提供各種選項及範例，讓你在行有餘力時參考施行，但別憂心的去背誦它們，以免應付不及。需要時，讀這個章節，充分思索。你要記住的只有這三個步驟：圍堵、解決、前進。

圍堵（步驟一）：圍堵狀況

你可能也得這樣對孩子，例如讓他們安全地待在家中，重點是控制住局面。盡一切可能阻止象徵性的流血。可以這麼說：必要時，就是去看醫生；關閉 Wi-Fi；反鎖家門；請假在家；扔掉酒瓶；致電校方。任何能限縮傷害的事，做就對了。

解決（步驟二）：開始解決問題

展開行動修復傷口，不再只是止血。它跟步驟一的差別在於，毋須慌張。我會提供很多做法供你參考，並謹記：慎思和行動才能解決問題。要做好這一步，耐心與憐憫最爲重要。

前進（步驟三）：刻意把挫敗擺在照後鏡，往前邁進

如果你或誰不斷地喚起孩子的傷痛、羞恥、悔恨，想以此凸顯教訓，孩子並不能因此從中成長。在這個階段，你要跟孩子一樣放下或者更開闊。

知道這三個把孩子的挫敗轉爲建立人格契機的簡單步驟後，我們進一步來一一檢視。一開始你可能會感到困惑及茫然，不必擔心。我們在第六至十三章會用明確案例，讓你看到其他父母如何以此突破困境。

圍堵：防止挫敗擴大的四件事

以下是防止挫敗擴大的四件事，後面會有詳細說明：

- 控制敘事
- 肯定孩子
- 減少孩子的對外接觸
- 搜集眞相

控制敘事

好，你的小孩犯錯了——違反宵禁，趁大人遠行時在家裡舉行派對，考試作弊。對於如何帶領他們走過危機，你已做過深呼吸，甚至也花了不少時間。現在你得思考誰應該知道此事，你又該如何知會他們。掌握和溝通關鍵訊息，就在此時。

人們會受到危機吸引。一方面，他們希望能伸出援手；另一方面，他們為自己沒陷入危機而鬆了一口氣。他們想知道一切。他們來電關心你，有時則是想掌握全部資訊以滿足自己的好奇或緩解恐懼。他們在你背後自行討論。這是人性。我強調這點，因為你需要控制整個情節。

在我們討論訴說的對象與內容之前，讓我先剖析一下，控制敘事與我在此書開頭所講的觀點「不坦誠面對錯誤，就會不時重蹈覆徹」兩者看上去的矛盾。那點依然成立，但跟你信賴與選擇的對象分享失敗，則截然不同於不加揀擇的大肆傳播。

首先，決定哪些人應該知道你發生了什麼事。為了自己，你可能想對你相信能為你保密的好友傾吐。你需要一個安全的所在來抒發並整理你的感受。你可能也有必要讓孩子常接觸的人知道，尤其當孩子得暫時隱身一段時間時。當然，你也應聯繫能幫忙的專家，以保護孩子的安全。

隨著溝通面擴大，孩子的事可能會被曲解。想讓這個風險降到最低，先準備好幾個關鍵句來面對質疑。簡單扼要，語帶感激，必要時加以重複。「謝謝你問起克萊兒，我們暫時會待在家，但很感激你的關心。她很好，但我們得處理……（健康疑慮、家裡情形、學校問題或任何你願意分享的細節），我相信她很快就會露面。你的孩子好嗎？我看到她的隊伍上週贏得大勝！」

記住，同時間你的孩子可能也在發送訊息。你只能控制你能控制的部分。孩子願意的話，你們可以一起討論要對外講到什麼程度。也許孩子想跑到屋頂昭告天下，尤其當他們充滿了憤怒，認爲你對此事的反應傷到他們。你無法封住他們的嘴，不能阻止他們說話。如果這是你的處境，深呼吸，走下去。盡力掌控敘事，對於無能爲力之處別太在意。浪費心力阻止氣憤的孩子講話，只會讓你自己抓狂，忘了下階段更重要的任務。

肯定孩子

當你不得不限制孩子，他們對此可能難以接受。按下禁令之後，應花點時間跟孩子以及相關的家人溝通。你的中心訊息應明確地出自於愛。我知道孩子這時可能不想跟你交談，這不要緊。必要時你可以寫個簡短窩心的紙條，從房間門下塞進去。你可以這麼說：「我知道這段時間很不容易。重點是，我愛你，儘管你現在可能不這麼認爲。我需要一兩天思考下一步，並且絕對會詢問你的意見。如果你想談談或一起看個電視，我都在。不想的話，記住我站在你這邊。」

很重要的一點是，就算你氣壞了，也不要用冷漠作爲處罰。平常睡前你會親他們，要繼續這麼做。每天午餐你會傳個溫馨簡訊，現在不是停止的時候。儘管生活冒出挫敗，都要維持住交流情感的儀式。

減少孩子的對外接觸

當孩子犯錯把事情搞砸了，你可能得馬上限制孩子的接觸層面：朋友、科技產品、媒體、好奇的鄰居，或是在此敏感時刻可能擴大傷害的任何事物。當孩子的世界變得太大，你必須把它縮小（我指的是他

就算你氣壞了，也不要用冷漠作為處罰。
儘管生活冒出挫敗，
都要維持住交流情感的儀式。

們的世界頓時敞開到他們可能再度受傷，而非成長所必須的自然拓展）。孩子因疑似用藥過量而被送醫？那個世界必須趕快縮小。孩子被網路上某個心懷不軌的可疑分子盯上？馬上限縮那個世界。

有些家長無法立即回應。當大家問起孩子怎麼沒參加某個活動或線上遊戲，問題就引起了矚目。也許你怕會反應過度，讓人覺得太過嚴厲，別擔心，你隨時可修正一開始的霹靂行動。當嚴重的危險靠得太近，先用止血帶止血總不會錯，藉此爭取到更多時間與資訊，然後再評估繃帶是否就夠解決問題。

跟孩子的關係已然緊張的父母，更難採取恐怕會把孩子推得更遠的行動。因為怕孩子再也不理自己，甚至自殘，有些父母就任憑失敗爛在那裡。最後，有時光是想採取大動作就夠累人了。父母已經夠忙、夠分身乏術了，要他們迅速行動可能令他們目瞪口呆，完全不知所措。

若上述理由是你的寫照，想想孩子需要你保障其安全。迴避作為，可能讓圍堵出現裂口，使孩子陷於更大的危機當中。你勇敢迅速的反應不必太驚人。不是「你這輩子都被禁足了！」，而比較是「現在進入四十八小時的封鎖狀態，直到我決定下一步怎麼做」。

搜集真相

圍堵的下個步驟是，儘可能了解全局。不了解問題，便無法端出解答。此時要從重要人士那裡獲得情報。別問所有認識孩子的人對事態的看法。向有第一手內幕情報的可靠人士討教，以及醫師、諮商師、專家或是能點出問題癥結的任何專家。

解決：處理挫敗的三件事

接著是處理挫敗的三件事以及更多的說明：

- 採取行動
- 更新溝通
- 建立你的支撐網

圍堵階段是限縮孩子的負面接觸網，解決階段則提供了機會，訓練孩子做出你希望的正面回應。研究顯示，比起以處分作爲威脅，獎勵對青少年更爲有效。說到動機，艾雅蕾．費雪巴赫（Ayelet Fishbach）在她的著作《達標：芝大商學院教授親授，意想不到的激勵課》（*Get It Done: Surprising Lessons from the Science of Motivation*）中說，人跟小狗很像，要教他們新的行爲，正面強化最爲有效。如果你的小狗尿在地上而你大叫出來，牠們會意識到尿在地上使你發出可怕的聲音，卻不會曉得尿在外面會讓你開心，除非你立刻抱牠們到外面的草地上，並給點心作爲獎勵。叫罵可能與不好的行爲相連，卻不會激發好的行爲。

同樣地，當孩子違反宵禁而你加以責備，他們學到晚歸的下場是發怒的你。假如你施以禁足，他們學到下場是發火加上自由受限。假如你規定連續六個月準時回家可獲得一次晚歸，他們學到的是遵守規定會有好處。

所以，訓練孩子要給他們測試規矩的機會，讓他們從中領會怎樣會導致負面回應，怎樣則會帶來獎賞。

採取行動

當你和孩子準備設法跨越挫敗，可以參考以下事項。別擔心，不必全部背誦下來，並且你們也可能會想出更多點子。本書後面的附錄一可供隨時參考。

從以下清單，思索哪些行動最能幫助你們處理挫敗。你也許能用肯定、讚許、讓孩子更常做喜歡的事、與喜歡的人更常相處來激勵他們配合。

- **教育**。範例：你發現孩子的朋友被逮到未成年喝酒。孩子嚇壞了，他很喜歡這個朋友，深怕你禁止他再與朋友往來。你的計畫或許可包含一起閱讀飲酒對發育中大腦的影響的資料、認識成癮的徵候、上網查如何妥當拒絕藥物、研究如何協助朋友度過難關。
- **定義後果**。範例：孩子因分心而撞壞家裡的車子兩次。你的計畫可包括限制孩子用車，或是要負擔車險費率提高的部分或全部。
- **促進連結**。範例：孩子逐漸遠離親友，線上線下都不肯和同儕往來。你可以協助他們找機會建立新關係。
- **重建信賴**。範例：孩子週末宵禁是十點，他準時到家，卻又從窗戶溜出去跟朋友到公園。你或許可列出行動清單，他們做了可恢復你的信心，知道他們能做正確的決定。
- **換個角度**。範例：同上，但宵禁時間不同。你的孩子週末宵禁是七點半，他準時到家，卻又從窗戶溜出去跟朋友到公園待到八點半。你可以尋求不同的視角研究如何保障孩子的安全，詢問其他父母或專家意見，看看你的規定是否造成孩子的反叛行爲。

- **啓動介入**。範例：你青春期的女兒跟大她很多的男友發生性行爲，不僅沒做保護措施還喝了酒。她不肯預防性病或防止懷孕，你也擔心她有酒精成癮問題。你可能需要介入，向心理保健專家諮詢如何保護孩子，必要時則採取住院治療。
- **重訂優先順序**。範例：孩子說他不喜歡自己的性別，並有自殘的念頭。重訂優先順序可以是研究你從未認眞想過的議題，可以是花更多時間和心力在這孩子身上，也包括教育、跟支持並接受孩子的人多聯繫。
- **致歉**。範例：孩子趁朋友的父母出遠門，帶著啤酒去他們家喝，被鄰居檢舉。除了施以教導和處分，你也該準備好好致歉。我在我的書《14歲前該跟孩子聊的14件事》（*Fourteen Talks by Age Fourteen*）中有談到妥善和不妥的道歉，摘要如下作爲指引：

妥善的致歉不會：

✧怪別人誤解你的行徑。

✧怪別人感到受傷或被冒犯。

✧推說是情境影響了自己的判斷。
✧浪費唇舌向眾人說明你是好人，只是犯了錯。

妥善的致歉是：

✧說明你做錯了什麼。
✧承認你傷害了誰以及如何造成的。
✧說你將如何改正。
✧承擔後果。

• **彌補和賠償**。範例：再用前例，這次稍微複雜些。孩子趁朋友的父母出遠門，帶著啤酒過去喝，還打破一個相框。致歉當然需要，但這還不夠，因爲對方家長得花錢換相框。理想上，在場飲酒的孩子們應一起分攤修復或更新的費用，必要時甚至還包括清潔費。

更新溝通

在圍堵階段，我建議溝通應儘量簡短嚴密。現在你已胸有成竹，準備向前，大概也有必要拓寬溝通範圍，使訊息也更加明確。

話雖如此，孩子所遭逢的挫敗是他們自己的故事。沒錯，那影響你很深，但那仍不屬於你。溝通過程要納入孩子，讓他們決定是否要公開，以及公開的方式與時機，甚至要不要說出去。

此時你對事情已清楚許多，能掌握眼前狀況，也更能面對其他家長或鄰人的探問。看你與對方的關係如何，你的答覆可以從「一切都很好，沒什麼可看的」，到明確解釋整個事情與後續發展。通常來說，其他家長、老師與教練等都是眞心關懷，並希望以你想要的方式提供支持。

這可能像是對事情的簡單說明：「如你所知，我們發現傑米玩線上遊戲時有些不妥的行爲。」劃下你願意分享的界線：「畢竟那不是我的事，爲了尊重他，我就不多談細節了。」說說你願意分享的訊息：「我認爲你該知道這個月我們不讓他玩線上遊戲。這段期間，他每天有半小時的電話時間跟朋友聯繫，但不能見學校或球隊以外的人。你是他朋友的父母/最敬重的教練/我們家的好友，所以我們希望你知情，明白他何以無法像往常那樣出現、開心練球等等。」或許再透露你對事態發展的看法：「在他花些時間思考並希望他能明白這件事情帶來的風險之後，我們也期待能逐步放寬，慢慢讓他再玩電玩。」最後，爲想做些什麼的朋友給點建議：「如果你碰到他，請如往常一樣對待他。若有人問起，不妨就搬出我告訴你的。謝謝你的支持。」

建立你的支撐網

孩子的行爲或處境可能讓你感到羞恥或自覺失職，請你務必別因此忽略爲孩子設想。父母會爲許多原因而避談孩子的失敗，羞愧與汙名是其中兩大因素。這種孤立狀態讓你以爲自己孤立無援。我跟你保證，你不是。很多人會想與你分享經驗，不張揚，而且會保密。我稱之爲「家長支撐網」。這些父母或許不會高談孩子經歷過什麼（再次強調，這不是他們自身的事），但他們會給予溫暖與同理，點出正確的方向或建議你該找誰。你若需要協助以建立這樣的網絡，可找一兩位你最信任的人開始。

很可能那並非你的好友，但好友也許能幫忙找到適當對象。我的一位朋友，她先生在新冠疫情期間經歷兩次癌症。當我碰上一次個人危機時，她告訴我：「別隨意找個人談。去找親身走過像你這種劫難的人談。」這的確是眞知灼見。

中澤在《邊緣少女》一書中闡明了建立支撐網的科學價值。無論是身體、社交或情緒上的壓力，我們都透過免疫和神經系統來回應，這兩者是由迷走神經管轄。長期或重複的壓力會引發焦慮、憤怒或憂鬱情緒以及認知障礙。但正如中澤指出的，人體也自備調節這些反應的方式：社交連結。「當我們向他人尋求安全連結，」中澤寫道：「大腦便啓動開關，釋放保護信號到全身各處。」中澤稱之爲「社群效應」（Community Effect）。迷走神經即送出安撫及保護信號，對情緒、思考與行爲產生正面影響。中澤的研究清楚證明，社交支持並不只是你感覺正面時的有趣事物，更是我們處於危機時獲得成功、安全、健康的基本要素。

出於羞恥而孤立自己，對身與腦具有毀滅性的影響。當你自覺匍匐於孩子失敗的壕溝，向人求援是重新站起的關鍵。

前進：放下挫敗、向前邁進的六件事

這裡是讓挫敗不再蔓延的六件事，之後有深入的說明：

- 給孩子消化的時間與空間
- 鑑別你的恐懼
- 先面對一種恐懼
- 捍衛孩子的權利法案

- 嘉獎良好舉止
- 看向全新

給孩子消化的時間與空間

當你顧好迫切的圍堵事項，讓失敗不再蔓延，你的孩子應該會需要時間來處理情緒。給他們充分的時間去消化一切。大腦理性的批判思考部分（前額葉皮質），在青春期正進行著重大工程，打造大人複雜思考所用的神經通路、突觸及神經元。結果就是，大腦情緒中樞的杏仁核便出頭掌管了前額葉皮質的許多任務。你會用前額葉皮質研究眼前事態，青春期的孩子不會。他們主要的判斷工具就是情緒。給他們足夠的時間去消化事情，並爲其間將浮現的各種情緒做好心理準備。

鑑別你的恐懼

如果你不熟悉檢傷分類，那是醫護人員快速評估、決定緊急處理的程序，以治療狀況最嚴重者爲優先。我發現當我不知所措時，即便面對的並非醫療問題，用這個分類技巧仍十分有用。

在此階段，你可能發現之前得迅速處理失敗而被壓抑的恐懼，現在開始朝著你大吼。也許你試圖再度壓下，或是你開始傾聽和反思，而這兩者都不甚有效。恐懼不斷提高聲量，直到你採取行動，而非只是漠視或停滯不前。

首先，聆聽恐懼想告訴你什麼並加以記錄：

我怕此後沒人想跟兒子做朋友。

我怕大家認爲我是很差勁的父母。

我怕女兒會一直跟對她不好的男生交往。

我怕孩子的行爲終將讓他們被捕。

不一而足。

現在，把這些憂慮視爲它們只想給你回饋。我們家在公開場合會遵守十秒回饋準則：當某人能在十秒內立即改善狀況，就應該告訴他們。假如他們的牙縫裡塞著菠菜、襯衫少了一顆釦子，講出來。但如果你要講的事情他們當下無能爲力，那何必說呢？你不會告訴剛到場的人，他們衣著不夠體面或頭髮短一點更好看。

同樣地，你也可用限時準則來評估各項恐懼，加以鑑別。如果恐懼清單很長，從前三、四名著手。自問接下來的二十四小時，你能否加以解決。如果不行，便將這些恐懼擱置一旁，暫時別去想它，直到下個禮拜或甚至下個月。

先面對一種恐懼

當你確認哪些恐懼是你能在二十四小時內應付的，一一列出你能採取的行動。當世界顯得分崩離析，面對巨大恐懼，即便是微小的行動也能有效讓你重新握有控制感，還能有效讓你邁向成長，不至於被害怕與不確定性弄得無法動彈。

捍衛孩子的權利法案

肯定孩子的權利，是避免常隨著失敗而來的無助感（有時甚至是毫無希望）的重要步驟。花點時間，找出你的孩子需要附錄二的權利法案中的哪些權利，好能超越這個慘痛經驗，邁向自我掌控和自立自強。提示：那些權利往往是你最排斥的。舉個例子，當學校來電說你的孩子從同學的置物櫃拿走人家的水壺，你可能會想他不配有跟朋友相處的權利，因爲他不尊重人家。可能他的確需要暫時的社交停權，但要練習成爲良好公民的技巧，他必須很快能回到朋友身邊。從單車上摔下，重新坐好，你就是這樣學會騎車的。

嘉獎良好舉止

孩子承受了很多。你不希望他們停滯在此，陷溺在自己的地獄裡。是幫助他們回到他們所謂的正常生活〔向克萊兒・丹妮絲（Claire Danes）致敬〕，設法重啓世界的時候了。如果你對他們的生活型態已設限了一段時間，我建議你若要延時需有明確目的，並且要先由你親自監督。

借用之前提到的男孩，一個月不准玩線上遊戲，限縮跟朋友相處的時間。我不主張等到第三十天就讓他回到往日常態，這樣只會讓他學到挨過停權時間就好。最好在其間提出各式獎賞，讓他有動機去表現，而非只是關在房間裡生悶氣直到結束。嘉獎範例包括：「一個禮拜以後，如果你願意認眞討論事情的經過和對你的影響，我們就延長你的手機時間，週末多一個小時。」「兩週後，如果你能提出一些想法，讓你以後可避免這類危機，我們就讓你的朋友週末到家裡來看你兩個鐘頭。」「三週後，如果你對家人態度良好，功課也都有顧到，我們就把你的遊戲機放到客廳，每晚你可以玩半小時，我們也會在那裡。」諸如此類。

做好前進的準備，意味著到了某個時刻你得喊「時間到」。遊戲結束。燈光亮起。大家各自回家。

看向全新

別讓這場挫敗成爲孩子生活頭條的時間太長。

看向全新。

眞心實意地，別只盯著孩子的即將出錯與惡劣態度。擴大視野，留意孩子的正面表現，無論那有多小。這麼一來，你將必然發現彼此相處的美好時光不斷增加。

只要給予足夠的時間，孩子必會表示準備好來談談。這也許需要幾週，或是兩年。我知道無止盡的等待實在很讓人討厭，但這很重要，如此一來，孩子才能邁步向前，你也毋須再時時監督與提防。

圍堵、解決、前進，我們就以眞實案例將它們派上用場。這些家庭與孩子共同走過八種挫敗，步出困境後變得更加成熟。

【第二部】

八種挫敗原型

6

不懂得遵守規定：

叛逆

天地間最大的露天墳場是聖母峰，到峰頂的路徑上散布著兩百多具屍體，冰凍的空氣將許多遺體保存得極其完好。低氧使人自己上下山都已夠凶險，若加上背負冰凍遺體下山的重擔，救援者的死亡風險會太高，於是將遺體留在他們吸下最後一口氣之處，留待後來的登山者憑弔。

但若經過那尚未死去、顯然正在受苦的登山客身邊，該怎麼做呢？這在二〇〇六年成為熱門話題：四十多名登山客經過陷入苦痛的大衛．夏普身邊，卻未曾伸出援手。登山家艾德蒙．希拉里爵士（Sir Edmund Hillary）稱此爲「頂峰熱」（summit fever），形容登山客一心只在登峰，其餘什麼都看不見。

我會說，大部分青少年的挫敗都是由某種「青少年頂峰熱」所引起。爲了追求人氣之路，兩旁滿是孩子，被其他想登頂的人犧牲踐踏，或是被自己的傲慢或不計一切手段想成功的錯誤心態擊倒。

成長中的孩子，其主要任務是獨立。意思是從你身旁獨立。我想那就像沒有繫繩般地漂浮在太空中。尋求同儕認同，是青少年脫離社群繫繩並證明自己雖然獨立了卻不孤單的途徑。大人應理解這份同儕認同的動力，因爲那往往就是違規的催化劑，孩子因此上演叛逆。

大人常以爲叛逆的孩子漫不經心、殘酷或膚淺、不守規矩好顯得自己很酷。平心而論，每個小孩（甚至你我的）都願爲了受歡迎而冒險及違規，包括做出傷害他人或自己的事情。渴望受歡迎、討人喜歡並不像乍看那般膚淺。那常是年輕人邁向獨立的第一步。年近二十的青少年終於建立起較強的自我意識，不再那麼需要同儕的肯定。多數成年人已然腳踏實地，也有了重要的人際關係，對自己人氣不高幾乎毫不在意。你的孩子會到達那兒的，只是要先經過幾年的練習與培養。

人氣的誘惑

爲此書進行研究時，我不僅遍訪全美各地的父母，除了談談他們孩子的挫敗，我也請大人告訴我他們個人的挫敗經歷，想知道這些挫敗是否多少促成了他們未來的成功。我的朋友吉娜，分享了有關人氣誘惑的個人故事，那使她違反一項不成文的社會原則，也擊碎了摯友的心。

小學起，吉娜和梅蘭妮就是最好的朋友。她眞心喜愛梅蘭妮，十分珍惜兩人的友誼。而到了七年級，兩位人氣很高的女孩邀吉娜跟她們一起玩。陽光照在人氣頂峰白雪皚皚的山頭，在那美好前景的光芒中，吉娜患了頂峰熱。

只有一個障礙擋在吉娜冉冉上升之前：新的女孩們並不想納入梅蘭妮。

那個週末，吉娜提筆寫信，週一交給梅蘭妮。總而言之，她細說其他女生怎麼認爲梅蘭妮還不夠酷（她的穿著及談吐，還有她看起來比她們小多了），最終告訴梅蘭妮，既然升上初中，兩人已不該繼續當朋友。

吉娜原本以爲自己的血管裡流著聖母峰的冰，但當她目睹梅蘭妮讀信之後，出乎意料地感到羞愧不已。她做了什麼呀？我堅信那正是青少年失敗的主題曲。「我做了什麼？發生了什麼事？爲什麼？」

接下來幾週，吉娜試著向梅蘭妮道歉。但吉娜已融入新團體，而此刻梅蘭妮孤單一人，震驚，悲傷，哀悼。吉娜的道歉全無回應。即便到了五十多歲的今天，吉娜說著說著便淚眼婆娑。成年後她曾試著聯繫梅蘭妮，說自己那樣待她實在錯得離譜，梅蘭妮那麼好、那麼無辜竟受此對待。梅蘭妮沒有回應。

這是吉娜心中無法癒合的傷。當我問起這個失敗可曾幫助她成長，她毫不遲疑。「那改變了我的一切。我再也不想感受那種傷了人的痛，決心要做眞正的朋友。那改變了我此後所有的人際關係。」

我可以跟你說，身爲吉娜的密友之一，得她喜愛絕對是一種殊榮。她慷慨、細心、充滿智慧。若非七年級的那場經歷，她現在可能不會是許多女子的超級好朋友。

失敗的好處之一是，這能讓人成爲有天賦的老師。我最差勁的數學老師是個數學天才，他不明白我無法貫通的地方和原因，當我搞不懂時他覺得很迷惑。「你就照我教的那樣解題啊」，大概就是他能給的指點。我最好的數學老師，高中數學很爛，然而正當我要卡住時，他看得出來，他知道信號在哪兒會混亂，也能用意想不到的方式解釋過程，因爲當年他自己得發展出這些本領才能搞懂數學。吉娜的經歷與這雷同。她在友情上重重摔過一跤，足以讓她領悟陷阱藏在何處，後來遂成爲一位模範朋友。

孩子爲何不遵守規定

有些規定很明確。我們很清楚得遵行法律、行爲準則及家規（明講的、暗示的、寫出來的）。我們還有社會規則，雖不是那麼白紙黑字，但多數人都同意遵守，像是不能爲了成爲人氣幫的一員而拋棄摯友。而這一切規則，從明文規定到直覺感應的，都有灰色地帶。

舉例來說，不可作弊。人人都知道這會讓你惹上麻煩。作弊就是違規，但是……什麼叫作弊？偷看別人的考卷，然後抄下答案？對，這我們都同意。你解不出數學作業，問Siri答案，這是不是作弊？聽到別班同學討論前一節課已考過的公民申論題，你趁自己班小考前找出答案，這算不算作弊？拿哥哥姊姊有註釋的課本來讀，是作弊嗎？

處處是灰色。尤其在從具體思維轉向假設思維的青少年大腦中更是如此。小孩很懂是非，他們的想法非黑即白，完全絕對。青少年則不然。當他們假設思考的能力提高了，概念即變得可以伸縮。好消息是，這讓他們能思考社會正義與平等之類的微妙議題，讓他們進階到更需大腦的學業程度，超越五乘以四，進入解未知數X的代數方程式。對小小孩而言，數字不能是字母，那是錯的！對青少年來說，世界沒那麼絕對，假設成爲了可能。對青少年大腦的這項理解，或許有助父母以幫助孩子界定灰色地帶爲目標，展開違規的對談。對，X可以是數字，但不會是樂曲的音符。對，也許問Siri答案不算是作弊，但你仍不曉得怎麼解題，問題還是沒解決。

即便是在社交場合，青少年也常發現自己身處於假設性的灰色地帶，就如吉娜受到當紅女孩們的邀請，卻以梅蘭妮爲代價。大人充分發展、饒富經驗的大腦看上去很明顯的事，對年輕人來說卻依然感到模糊混沌。

何時該擔心

我們都可預期看到青少年叛逆——破壞規則，無論大小。如果你的孩子從未打破過規則，我才要擔心他們何以這麼屈意奉承，或是他們在你背後會做些什麼。但如果違規如此稀鬆平常，那你可能要問，我爲何要用這一章來討論沒能遵守規定這件事。問得好！

違規演變成失敗的兩種情況使我擔心。首先，它長期出現，孩子又不能好好討論其違規的理由，這可能意味著他對後果無感，而那可能是一種求救訊號。比起那種說「我不在乎」、毫無理由地打破規矩的孩子，老是唱反調、挑戰所有規定的孩子，我反而較不擔心。我希望前者的父母能深入探討是什麼驅動了孩子這種行徑。青少年（較青少女的比例高出許多）反覆表現出不顧一切、破壞規定的行爲，有可能是有憂鬱症，應由諮商師診斷並加以協助。

違規演變成失敗的第二種情形，跟孩子的動機無關，而完全在於他們對後續的內化。這時，我們無法預測何種對違規的反應會使A小孩較B小孩感到失敗，但我們能學到怎樣回應最不會使孩子以爲這回的搞砸說明了他們是或不是個好人。

爲求更深入了解孩子如何從這類挫敗中成長，我們來看看運用圍堵、解決、前進策略，如何幫助了一個家庭。在這個案例之後，我將答覆一些有關違規的常見問題。

［案例1］見見叛逆者

卡琳怎樣沒能遵守規定

在畢爾和塔瑪拉口中，女兒卡琳初中時是「典型的書呆子」。朋友不多，渴望融入某個群體，就像她在學校四處以及她喜愛的電視劇中所見到的。

從高中開始，卡琳嘗試了排球，並發現自己對此相當拿手。她一躍成為隊上的明星球員，這突如其來的高人氣讓她有點昏了頭。當某些隊友開始分享當前的社群媒體挑戰影片——抖音上的「狡猾的舔」（devious licks），卡琳決定讓大夥兒刮目相看。

「狡猾的舔」這股浪潮是孩子們上傳自己冒險或破壞學校公物的影片。卡琳拍下自己取走洗手間的衛生紙，把它們全丟進垃圾桶，然後把影片放上抖音。

以這個例子來說，卡琳意在成名，並無心傷害任何人，所以一完成錄影，她便立即將衛生紙放回原位，以免造成任何人的意外窘境。她甚至也拍下自己做好事的照片（我想這說明了卡琳可愛的性格）。遺憾的是，她把這些照片留給自己，公開上傳的只有惡作劇部分。

近來不斷破壞公物的事件令校方頭痛不已，疫情後返校的孩子精力太過充沛了。當有學生將卡琳的影片拿給老師看，校方決定以此殺雞儆猴。卡琳被停學三天，並且這學年被踢出排球隊。

畢爾和塔瑪拉無法想像女兒會這樣衝動，尤其她曾用手機給他們看「狡猾的舔」的影片，說這些人真蠢，她自己絕對不會做這種傻事。

而她做了。這意味著卡琳不是他們心目中那個樣子嗎？被勒令停學、踢出球隊，對將來申請大學會造成什麼影響？卡琳對受到歡迎所燃起的熱情會讓她陷入更大的麻煩當中嗎？

圍堵

搜集真相

校方來電說明卡琳「破壞公物的行徑」時，塔瑪拉直接趕去學校。第一句當中的引號是我放的，並非學校或她的父母，因爲卡琳隨即反轉其惡作劇，並未造成永久破壞。儘管這樣，校方解釋這些事件造成了混亂，強調他們必須向學生送出強烈訊息，立即嚇阻這類行徑。卡琳是剛好被逮，我想以後當她有所理解時，這將成爲重要的法律教訓。那個理解是：你是否做了最糟的事並非重點，你做的事使你成爲一樁大錯的共謀才是。例如開贓車的司機雖然沒有搶銀行或揮槍恐嚇，他仍得坐牢。

跟校方的談話讓塔瑪拉有充分的資訊跟女兒對話，卡琳隨即和盤托出。塔瑪拉問她，那個跟老師舉報的同學怎麼會這麼快就看到影片，卡琳坦承她不僅上傳抖音，也有分享給幾個朋友。塔瑪拉相信這會成爲另一個重要教訓：小心你相信的人。

控制敘事

在塔瑪拉和畢爾了解事態之後，決定不告訴其他家長及朋友，卡琳被停學與踢出球隊之事。家長們隨即來向塔瑪拉探詢，這使她得以將卡琳有把衛生紙放回原處的尾聲公開，而她相信這對女兒的名譽至關重要。不過，她無意淡化卡琳主動將惡作劇影片上傳社群媒體、以爲同儕會爲她的輕率保密的錯，她也相信校方絕對有權阻止惡行蔓延。在這種違規之舉並不危險也未造成傷害的情況下，我認爲「少說」可能會讓謠言更快平息。假如爸媽公開抗議，那麼可憐的卡琳將置身聚光燈下好一段時間，眾家長也將有更多機會表達各種意見：應該怎麼做，他們自己會怎麼做，他們的小孩絕對不會做這種事（喔，是啦），社群媒體就是一切惡源，當今師長出了什麼問題，排球隊活該倒楣，學校供應雙層衛生紙就是不對，諸如此類的。

減少孩子的對外接觸

校方勒令卡琳停學以及要她退出球隊的決定非常果決。當塔瑪拉告訴我這些，我出聲質疑這樣的處罰是否成比例。塔瑪拉說他們也很驚訝罰則之重，但她的重點是卡琳，看看如何協助她消化這些懲處，並從中學到正確教訓。有鑑於此，夫妻倆在家避免再多責備女兒，但有限制她接觸社群媒體，把抖音從她的手機刪掉一個月，並無限期安裝了家長監控，以便能多討論這次教訓以及上傳內容到社群媒體的後果。不出所料，這讓卡琳很懊惱，她已經覺得離朋友很遠了，但她爸媽更在意她在充分消化這次事件之前不致重蹈覆轍。

肯定孩子

畢爾和塔瑪拉讓卡琳知道，她這麼魯莽的決定讓他們很生氣，但他們也很清楚，她的物歸原位證明了她的本性。三天後，卡琳可以回去上課，爸媽事先提醒她別一直責備自己。他們要她知道，儘管這個處分無可避免，但程度有限。卡琳仍是認眞的學生、優秀的運動員，是老師會安排陪伴有特殊需求的學生的善良同學。他們說得直接而明確：這次事件沒有改變這一切。

解決

採取行動

教育

卡琳的父母認爲他們得教會她區別意圖與觀感。雖然她的惡作劇沒有傷人的意圖，觀感卻是她參與了破壞學校公物的一場行動，而那的確會對學校的財產及士氣造成傷害。至於違法，夫妻向女兒解釋：沒有不良意圖，並不能使你免於承擔後果。

意圖和觀感的差別，是每個孩子都需要認識的。一個小孩沒注意四周，揮棒打到後面的人。「但我不是故意的！」可安慰不了被打到的小孩。父母可以這樣協助孩子這方面的成熟：先認可其意圖（「我知道你不是故意的」），然後引導孩子了解可以怎麼做以避免再犯，現在又該如何彌補。

換個角度

由於校方的回應會對卡琳產生長期的社交效應，她的父母想確保她不致因失去帶給她驕傲與認同感的事物而感到沮喪或疏離。不再屬於排球隊太令人難受了。談談本季還剩多少時間，讓她從這個角度看會有所幫助。她會失去四週的時間，而非一年。他們鼓勵她找教練談，教練保證歡迎她下季歸隊，並說本季剩餘時間全隊都會希望有她在場上。與此同時，爸媽也鼓勵她繼續練習以保持水準，好能隨時上陣，例如加入校外的運動聯盟。

更新溝通

當孩子像卡琳這樣沸沸揚揚地摔了一大跤，必會馬上成為娛樂八卦。若謠言竄起，你可以即時告知家長們、教練、老師、親近好友與家人孩子的狀況，進而控制事件情節的正確性。

這不是重寫事實的時候，別企圖說服大家你的孩子被設計了、遭到不公平的指控、成為犧牲品等等。即便真的如此，你也毋須拚命說服大家。明智的成人自會從事實做出判斷。你若串連他人與你跟孩子同聲一氣對抗某人，會使其他家長覺得不妥，反讓他們懷疑你的說詞。把自己想成影集《天羅地網》（*Dragnet*）中的喬．弗萊迪（Joe Friday）：說事實就好，其他省略。

建立你的支撐網

雖說你不必鼓動眾人挺你的孩子，或是特意強調儘管孩子忽然被停學，你仍是個好父母，但你若能跟有同樣經歷的幾個人眞誠以對，你會感到如釋重負。或許可聯繫孩子曾被停學的家長，請教他們如何因應。也毋須找這麼相似的背景，只要跟某位曾無預警被孩子的行徑嚇到的父母談談，你就能確知這類情況儘管嚇人，卻屬正常。向小小一個支撐網尋求建言，知道如何處理這番經歷並繼續前進，就能卸下不少壓力。聽到其他違規的孩子經過時間和指引而回到常軌，也有安心效應。

前進

給孩子消化的時間與空間

在同學或朋友面前當個叛逆之徒感覺很酷，但若被大人逮到則很難堪。以同理心接受這一點，給孩子時間去處理情緒。當難堪藏在情緒底層，很可能會化爲不安的退縮或憤怒的爆發。丟臉過後，焦慮可能來到頂點。儘管孩子的作爲讓你生氣，卻要記住，唯有當孩子充分消化這次認識自己的新經驗所帶來的情緒，他們才可能往前邁進。時間絕對是最好的良藥，但一些應付焦慮的技巧也有幫助。呼吸技巧、冥想應用程式、寫日記、訓練、運動，都是處理這類情緒的絕佳方式。

鑑別你的恐懼

破壞規定引發了父母所有的恐懼，一部分是關乎孩子的個性，一部分則關乎我們作爲家長的聲譽。花點時間思索並寫下你所害怕的事情。如果這個練習本身就讓你焦慮，你也不妨想想原因。你的原生家庭充滿了不確定性、喜怒無常、你得扮演和事佬？你覺得必須表現完美，以彌補充滿壓力的家庭氣氛？你可能因而在家全力討好，私底下卻是個違逆之徒。也許任何形式的破壞規定都讓你極度緊張。你如何回應眼前的恐懼，源於你小時候遭受的對待。你不妨借用這個透視鏡，從你對孩子處境的合理憂慮中，剔除你自身的童年創傷。孩子的情形跟你同樣年紀時的境遇應該是截然不同的。

破壞規定這類失敗可能引發各種擔憂，例如這些：

我擔心孩子在老師與校方眼中變成了壞學生。

我擔心其他家長會叫他們的孩子遠離我的孩子。

我擔心停學會造成孩子的學業落後。

我擔心被踢出球隊會讓孩子失去信心，也許還斷了他們的運動生涯。

我擔心大家會認爲我是差勁的父母，因爲孩子在那麼公開的場合犯錯了。

我擔心孩子不會學到教訓，還繼續違規好在朋友前面逞強。

我擔心孩子認爲擁有高人氣比有誠信要緊。

當你列出擔憂並先擱置二十四小時內無法處理的那些憂慮，就該盡力減輕眼前的煩惱。上面列出的恐懼中，照例有許多是你無法控制的。我認爲在二十四小時內最容易處理的是怕學業落後。雖然很難，但我會先擱置其他項目，因爲它們沒那麼緊急，然後專心指導孩子寫電子郵件給每位老師，請教如何避免停學帶來的落後效應。

先面對一種恐懼

從一起寫信給老師這個小動作做起（郵件經過你在用字與格式上的指導，由孩子寄出），可帶來不只一樣好處。第一，孩子會知道該怎麼跟上學業。第二，展現積極主動的態度會讓老師刮目相看，化解你對孩子可能被視爲壞學生的恐懼。第三，專注於一件事，可讓孩子從不知所措到覺得能掌握自己的命運，那將能提升他們的自尊心。

捍衛孩子的權利法案

孩子沒能遵守規定，可能讓你想大幅限縮他們的世界，不讓他們再有太多的違規機會。某些情況下，爲了確保孩子安全，這麼做完全合理。但在安全不是首要顧慮之時，就像卡琳的情形，太過嚴格卻會有反效果。孩子仍應擁有權利法案中的部分條目，才能踏步向前繼續成長。對於沒能遵守規定的卡琳，我認爲以下權利最爲重要。

談判與自我倡權

孩子破壞規定時，我們很容易覺得他們喪失了爲自己發聲或爭取最佳利益的權利。有時我們運用一種監獄式的心態來回應他們的搞砸——你犯了罪，所以該坐監。沒錯，孩子要爲違規與後果負責，這很重要，但讓他們在孤單靜默中受苦並非最好的學習途徑。焦慮時感到父母能夠傾聽，失敗後有機會以最佳方式與人合作，這樣的孩子能建立可貴的談判及批判思考能力，對他們離家後極有幫助。當你聽到自己跟念大一的孩子說：「去找教授談，看那個案子能否展期」或「讓你的主管知道你有一些改善流程的想法」，你會希望他們有爲自己發聲的信心；如果你早在他們離巢之前很久時就會很尊重地與他們進行這些練習，他們就會有那份自信。

選擇自己的朋友，與同儕相處

破壞規定好能在學校裡耍酷，父母對此很難接受。回想一下青少年渴盼與同儕連結的生物驅力，提醒自己，就是這股驅力將來能帶領他們獨立，住在外面，養活自己。即便是違規的孩子，也需要知道何時能再跟朋友聯繫以及聯繫的方式。也許不是立刻，但要讓他們知道時機，無論是某月某日，還是根據他們能否達到特定里程碑而定。什麼都不講是一種打壓行徑。而當孩子曉得何時能再跟朋友聯繫也會好相處很多。

獲得無罪推定

你可能直覺知道孩子沒能遵守規定的原因。以你的經驗和了解，你比孩子更清楚那背後的動機。這是非常有可能的。話雖如此，當孩子解釋他們破壞規定的理由時，給他們獲得無罪推定的機會。青少年對他們混亂的生活抱持著狹隘的看法，他們缺乏你寬廣的成人視角帶來的好處。不妨相信他們的話。爭執究竟爲什麼違規或是硬要他們從你的角度去看，一點也沒有幫助。經驗會漸漸改變他們的視角，但此刻，他們說的算。

看向全新

挫敗管理的前進階段來到尾聲時，每個父母都有責任說：「事情已經告終，我們要往前邁進了。」儘管這樣大聲地告訴孩子。聽到你說你有看到他們學到了什麼，就像你能看到他們將有何成長，對他們將是何等的釋放。表達要明確，因爲扼要的結論總能幫我們記住。「我看得出來你從這次經驗學到很多，像是要小心跟誰分享隱私，別把你不希望大家看到的內容放上社群媒體，還有你懂了就算你的本意沒問題，你還是可能會惹上大麻煩。你更明白了破壞規定的風險，尤其當你的動機只是爲了融入團體。我想你會帶著這些體會向前邁進。我很遺憾你得經歷這一切，但最終我相信這讓你更聰明、更強壯，而誰都不能否認這是件好事！」然後保證你不打算一再提起，但任何時候他們想重新討論這件事，你隨時奉陪。

相關常見問題之快問快答

Q 我跟我先生要出去吃晚餐，我要求十五歲的兒子待在家顧他十歲的妹妹。回家時，我發現女兒單獨在家看影片，哥哥完全不見人影！女兒說哥哥跟一些朋友出去吃點東西，大約一個鐘頭回來。我立刻打電話叫兒子回家，他防備地說：「你又沒說我不能外出。我只是去吃點東西。以前你自己也曾經留她一人在家一小時啊！」我相信他很明白我要他顧妹妹是什麼意思。我要怎樣讓他了解他的行為是不可接受、充滿心機的？

A 是的，我也會爲此發火。是的，這種行爲不可接受。而可能出現灰色地帶的則是他是否有心機。你兒子可能正在用他剛掌握的假設性思考能力，來合理化違規把妹妹單獨留在家之舉。

我猜他的思考過程可能像這樣：首先，他看過你曾把妹妹一人留在家（我知道決定權在你、情況不同等等，但他可不那麼想）。第二，他把他的社交錯失恐懼（FOMO）置於在家顧妹妹的責任之上，反正妹妹只在看影片。第三，他猜也許他不會受到處分，單就這一點，恐怕就讓他覺得這個違規值得一試。

青少年很能絞盡腦汁讓破壞規定顯得合理。

孩子改變規則以滿足他們的需求與渴望時，你不見得都有發現，但如果發現了，就像你兒子是個差勁保母這回，你可以試試幾種回應方式。

你可以選擇自然後果，順其自然，你兒子必須自行承擔其錯誤決定所導致的任何後果，只是這要很長一段時間才會浮現。此外，自然後果會對妹妹造成附帶損害。兄妹關係可能變得令人憂心，哥哥怪妹妹害他惹父母生氣，妹妹怪哥哥讓她感到害怕或被忽視。我不會選這個途徑，讓妹妹付出代價。

許多父母會選擇一種不相關的、高強度的懲罰，希望孩子難過到下次想重蹈覆轍時能記起這個代價。其中最受歡迎的方式是，拿他的手機打他的痛處。這招是基於一個前提：藉由激發孩子對某種人爲後果的恐懼，訓練他們循規蹈矩。這有時候有效，但比較可能的是，孩子對這種懲罰深感憤恨，只想著你是多麼不公平又多麼差勁，卻看不見自己做錯了什麼。這類處分並不會促使孩子反省。

你也可以採取邏輯後果，是你決定（而非自然發生）與孩子的錯誤直接相關的結果。你可以向兒子指出你相信他會照顧妹妹，而他看不見妹妹時根本辦不到；這受毀損的信任將使他這個週末必須留在家，不能跟朋友出去玩，因爲現在你無法信任他的判斷能力。也許你可以跟他解釋，在你們討論過他如何利用了這個灰色地帶，然後他能跟你與妹妹證明他確實理解自己的作爲之後，你將能找回對他的信任。

你與青春期的孩子將會碰到一堆這樣的灰色地帶需加以思考，所以好好想想，長此以往你會選用哪種方式，練習好用最佳的選擇來回應，而非當下最能出一口氣的方式。

Q 當我向孩子指出他們違反了家規，他們的反應出乎意料。「你又沒講過不可以！」我該如何回應？

A 試試這個：「我以爲這是不用明講你就知道的事。但你說的沒錯，我從沒明確規定過。所以，今天沒事，就當它是贈品。現在你知道了，以後違反這個規定的後果會是……（插入合情合理的後果）。而就算你不曉得你破壞了規定，還是造成了我的痲煩，我得……（清理因爲你沒遛狗而搞得一團亂的環境、趕著做一堆因爲打電話四處找你而耽擱的家務事，諸如此類）。我知道這是你的無心之過，我希望你能幫忙收拾。我們能怎樣一起解決呢？」

Q 我們給孩子訂的宵禁時間很合理，但他們一直不遵守。我需要睡眠，所以常在他們到家前上床，有時等著等著就睡著了。我該如何讓他們停止違規，尊重我需要睡眠才能當個快樂的父母和有生產力的人？

A 你可以考慮這個：放棄宵禁。聽我解釋。如果你拚命要他們遵守但他們卻一直違反規定，那麼你要自問，繼續這項規定是否合理與値得。假如宵禁是孩子違規的主要項目，其他方面他們都很配合，那他們可能有充分的理由想等活動結束或大家解散才回家，而非依照一個感覺莫名的時間。這個方法不見得適用於每個青少年，但有些孩子確實很能傳簡訊給父母，告知他們自己在哪裡以及何時到家，而不必趕在規定的時間內回家。

如果這種方式不適合你，那你可以持續他們做不到的規定，然後你要告知合理後果。舉個例子：「因爲你昨晚沒遵守宵禁時間，我睡不著一直在擔心，現在我累得不能買菜準備今天的晚餐了。我得把今晚這項責任交給你，我好去補個眠。」這可能會引起一番爭辯，務必做好心理準備。但如果你能堅持下去，不管孩子的負面反應，應該就能讓他們了解準時到家要比第二天付出代價容易。這兩種做法都很好，儘管依你的喜好挑選。

Q 我青春期的孩子就是不管什麼叫合宜穿著與言行，例如他們經常違反學校的服裝規定。他們把頭髮染成奇異的顏色，那也沒什麼，但他們打工的地方不允許，於是他們丟了工作及收入。我已經夠寬容了，但他們去我父母家或其他年長親戚家時，穿得連我也覺得不妥（例如寫有淫穢或冒犯性字句的T恤）。我該怎樣讓孩子盡情表達自我，又能尊重某些場合的規矩和禮儀呢？

A 這裡，我們進入了硬性規定與社會期許的某種微妙領域。對於組織訂定的衣著要求，你可以選擇遵守、違反然後面對後果、或是比較正式地表達反對。假如你的孩子非常反對學校的服裝規定，我會鼓勵他們具體行動，尋求公開意見。他們可投稿到校刊或聯名向校方請願。你可以告訴他們，若沒有具體證據支持他們的立場，他們恐怕只是在向風車挑戰。如果他們能拿出具體數據而非只是個人感受，就有機會帶來改變。

至於髮色與工作，我懷疑你和孩子能做什麼，因爲規定是由雇主決定的。所以就這個狀況而言，自然後果可能會幫你處理，你就等著看孩子學習著應對主管與工作場所的規定。失去收入可不好玩，所以你若希望他們學到教訓，別補貼他們，除非你認爲這項規定不合理而想給！

最後，爲在乎的人得體穿著，我覺得是這裡最重要的議題。告訴孩子可選擇頗前衛但不具侮辱意味的服裝，別讓他人覺得不舒服。若因此僵持不下，你也有兩種選擇。你可以告訴孩子，如果他們堅持要穿這麼無禮的衣服就不能去，或者，你可以讓家人知道這已經變成問題，你希望他們幫忙。「小孩會穿一件我很討厭的T恤過來，你們可能也很看不順眼。我先道歉。我跟他談過了，但他堅持這衣服沒問題。請大家不要對他的外表說一個字，包括那件可怕的T恤。我想如果我們視若無睹，他會更快度過這個階段。如果我們堅持要他換衣服，他會更固執，也不來了。此刻，我們覺得讓他跟家人相聚更爲重要。」

叛逆孩子的一線希望

第一次逮到孩子違反重大規定時，你大概很驚嚇和心力交瘁。對於像卡琳這樣的孩子，他們會覺得難爲情、內疚或慚愧，很快便學到越線並不值得。

老愛唱反調的孩子也令人疲憊不堪。叛逆孩子的一線希望是，這世界有太多規定需要改變。帶著叛逆的眼光看某些慣例、期望、甚至律法的年輕人，會在他們的小角落努力帶來改變。引導違規者把精力放對地方的關鍵是，教他們致力於有價值的課題，而那要經過認眞的思索與研究。爲你家年輕的革命家點出那個方向，去滿足他們不服從的天性。

7

不懂得照顧身體：

蠻勇

孩子爲何魯莽冒失

蠑螈能重新長出四肢，你知道嗎？失去一隻前肢，牠們能重新長出一隻。海星也是。蜥蜴如果斷了尾，也能長出新的。非洲刺毛鼠是目前所知在被掠食者咬掉身體一大塊之後，能長出新的皮膚（不是疤痕），還有新的汗腺、毛囊和軟骨的唯一哺乳類。大自然眞是令人稱奇……作爲非洲刺毛鼠的媽媽，是不是太棒了？

我想那是一種取捨吧。老鼠的壽命只有四到七年，孩子每次進屋，我大概都會尖叫並在椅子上跳躍。話雖如此，想像一下當你蠻勇冒失的孩子做出十足魯莽之事，像是從遊樂場的溜滑梯頂端跳下來、在風雪中用舌頭舔金屬桿、或是溜滑板到街上卻不注意周遭狀況，而你知道他們可以重新長出腿、舌頭或部分頭皮，那是多麼令人寬慰啊。

但人類並沒有那種結構上的安全網，這意味著身爲父母，我們往往身處心臟病發的邊緣。雖說我們能做些事情來保護孩子不傷害自己，像是讓他們看電影《聖誕故事》（*A Christmas Story*），然而更多時候我們只能屏住呼吸，祈禱他們平安。

這一章，我們要看看孩子讓自己處於險境的幾種蠻勇狀況，但首先我們得了解，並非所有的身體威脅都一樣。其一，我們是人，我們十分脆弱，我們無法避免受傷。穿著木屐走在不平的路面上，我很難不扭到腳踝。期待青少年能待在安全的泡泡裡，但實際上他們細瘦不平衡的身軀四處走動，大腦睡眠不足又被衝動主宰，那樣的期待根本不可能。我們一開始必須先同意，我們無法阻止孩子自陷於危險境地當中。他們將會從事體育運動，敢於冒險，學習開車或搭乘大眾運輸工具。我們的重點只能是學會協助這些小蠻勇，培養他們在冒險前先暫停的技巧，教他們沒能暫停時如何把危險減到最低。

我們來看看圍堵、解決、前進策略如何幫助了一個家，讓他們在兒子嚴重傷害自己後順利走出來。談完這個案例後，我會回答一些常見的相關問題。

【案例2】見見小蠻勇

諾亞怎樣沒能照顧自己的身體

珊卓拉和先生特倫斯正在為朋友慶生，接到另一位家長來電，兩人心臟幾乎停止跳動。幾分鐘前，他們的兒子諾亞被救護車送到醫院。他在朋友家喝了酒。很多的酒。他們最好立刻趕去醫院。

兩人到了急診室，被帶到一個房間，諾亞身上連接著監測器，鼻子插著氧氣管。他偶爾停止呼吸，護士就把他搖醒吸氣。他的內臟都安好無損，這點似乎讓醫護人員頗為驚訝。他吐過幾個小時。經過警方數次訊問，電腦斷層掃描沒事，身體補充回水分，他被允許出院。離住院只有五個鐘頭，現在他跟著父母回家。夫妻倆深為感恩，但充滿驚嚇。當晚緊張的程度，就像十四年前醫院讓他們把新生兒帶回家一樣。他們真的有辦法保護寶寶安全生存嗎？接下來會怎樣呢？

到家時已是半夜，於是珊卓拉和老公讓身高超過一八〇的十四歲嬰孩睡在兩人中間，瞪視著他直到黎明，看著他的胸膛起伏以確保他仍在呼吸，一如當年他躺在嬰兒床那樣。

第二天，朋友的來電與簡訊塞爆了他們的手機：兩人的朋友，諾亞的朋友，朋友的朋友。諾亞頓時成為他高中的小報明星。該是圍堵時刻了。

圍堵

控制敘事

問題全都圍繞著「昨晚怎麼回事」，諾亞的故事也愈扯愈離譜。謠傳說他已經死了。珊卓拉與特倫斯立刻跟親近好友保證，實際上諾亞安然在家。他們會先決定下一步，稍後再告知大家，但此刻這是唯一能講的重要消息。

搜集真相

由於諾亞當時昏迷，兩人無法從他口中拼湊當時的情況。隨著簡訊及電話不斷湧入，他們仰賴似乎最接近當時狀況的人來了解細節，包括諾亞聲稱能回答的問題。他們提出的疑問包括：孩子們從哪裡弄來的酒？有人在場監督聚會嗎？事情的先後順序為何？誰打電話給九一一？

這些後勤問題最簡單。男孩們是從某位家長的酒櫃裡拿了酒。在場的大人在另一個房間，有事可隨時找他，但基本上男孩們沒人看管。一個孩子打電話給哥哥，後者立即致電九一一。每則答案對所有的家長都是教育重點，我在解決階段也會著墨。

動機是最難回答的問題，也是夫妻倆最想要破解之處。爲什麼？諾亞究竟爲什麼要喝酒？以青少年來說，驚人之舉的原因從來講不清。這種情況下，讓父母揪心的疑問包括：我的孩子有成癮嗎？他是個白痴嗎？很遺憾的是，要知道答案，唯一方法是透過足夠的時間與經驗，你才能評估究竟。

話說回來，在這搜集眞相的階段，儘管你可能無法迅速抓住核心，但還是能掌握一些有關因子。兩人與各方談過，包括諾亞，他對自己的行徑只說不知道會這麼嚴重。他的水壺裡裝滿了混合酒類，而他就這麼全部喝完了。特倫斯和珊卓拉覺得這起事件肇因於輕率、衝動，或許還有那麼點逞強和想要融入，而非因爲想傷害自己或某種習慣的擴大。這個初期診斷將引導他們之後的步驟。

減少孩子的對外接觸

珊卓拉和特倫斯不敢相信諾亞決定喝酒（年紀這麼小！喝這麼多！），兩人決定禁足是此時最佳做法，這也讓他們都有時間消化並學習這段經歷，強調其嚴重性。

由於諾亞的情況瀕臨死亡，圍堵不僅在於控制問題的範圍，更要把他留在家裡，保護他不受自己脆弱及衝動的影響。珊卓拉在家工作，特倫斯休假幾天，大家得以重新安頓好。在走過最初的驚嚇到擬出理性的前進方案之前，他們三人等待著度過這道難關。

肯定孩子

很重要的一點是，夫妻倆要拿捏好自己對這次意外的氣惱和恐懼，以及他們對諾亞無邊的愛之間的平衡。他們倆都記得抱他抱個沒完，嗅聞著他的頭髮，以及每次提醒自己諾亞平安無事時那股淹沒全身的寬慰。

儘管這是諾亞生平在家受過最嚴厲的後果，父母也沒有通融的餘地，但夫妻倆也再三讓兒子知道他們對他的愛與珍惜。雖說他是身不由己的聽眾，他們竭盡所能地讓他明白這點，口頭上一直說他們有多麼愛他，行動上也是，像是準備他最愛的料理或是一起觀賞他挑的影片。

解決

採取行動

定義後果

在這樣生死交關的邊緣，諾亞的安全顯然很有風險。他的父母覺得在圍堵階段限縮他的世界，是保障他安全的關鍵。現在有充分思考的時間，他們決定讓諾亞除了上學之外，跟他們待在家兩個月。他的禁足條款是這樣：一開始他可以簡單知會朋友他的情形，多少人都行；每晚只能用手機一段時間，使用簡訊對外聯繫。珊卓拉和特倫斯知道他們的當務之急是打破諾亞衝破界限的衝動，明確讓他知道他必須遵照他們的規定以保障安全。與此同時，他們也明白完全限制他的社交互動恐怕只有更危險，因爲他維持新友誼與修補名聲（合乎年齡）的動力，可能驅使他破壞規定，暗中重建他的社交網。

通常，父母會使盡渾身解數對付這類可怕的情況，因爲嚴重失敗就該盡力處罰。但請留意，你的手段要合乎目標，而不是刻意的嚴厲。你既要維持嚴格界線，堅定不移，也要讓孩子有受到支持的空間。

當你決定了適當的處置，務必在這段期間納入額外的待遇，就像我在第五章提過的那些（參見第120頁）。珊卓拉和特倫斯逐步延長諾亞使用手機的時間，讓朋友來家裡一起吃晚餐，加上在家庭遊戲間的自由時間，最後，因爲表現良好，讓他提前一個禮拜出關。（順道一提，方案裡納入這些紅利，是讓計畫順利推行的一招。）珊卓拉準備了一份涵蓋同意條款的合約，三人一起簽上名。

諾亞的父母對這份合約的堅定不移十分重要。看著孩子受傷，你會忍不住開始打折扣、給例外。別把同理或關懷（這兩者都是對孩子慈愛、適當的情感）跟鬆開界線混爲一談。後者有反效果。這個事件幾乎危及諾亞的性命，珊卓拉和特倫斯務必得遵行計畫到底。這麼做將傳達兩個訊息給諾亞，一個有安撫作用，一個則是警惕。首先，諾亞從此能理解，當他的世界分崩離析，他可仰賴爸媽將之重建，恢復穩定。這對所有青少年都是一種解脫，因爲成長之路常令人不知所措。第二，如果他又再次碰到做這種傻事的機會，他應該會記得爸媽之前處理時毫不手軟，然後再好好想一遍。

教育

由於諾亞是被救護車送到醫院，警方來到現場，所以他得到一張傳票，必須參加由郡政府規定的藥物濫用課程，爲期一個月。每週兩次，一次兩小時，媽媽和他一起去。

「那對初犯似乎有點矯枉過正，」珊卓拉說：「尤其這個課程似乎主要是針對被捕多次、加入幫派、有可能被送進感化院的孩子。我不是說我希望他被嚇到，但……好吧，也許有一點。我很高興有人幫忙強調這個訊息。我希望他讓自己陷入的危險烙印在他的腦海中，我需要這樣的危機意識無處不在，因爲我非常害怕。」

重建信賴

諾亞的父母對他安全的憂慮以及對他決策能力的懷疑，並未隨著禁足到期而消失。當諾亞可以再度跟朋友出去，他仍必須提出可讓人信服的證明，保證他不會喝酒。

諾亞自己提出了重建信賴的辦法：他會依父母的希望，隨時視訊通話聯繫，讓他們看到、聽到他很安全。通常我不會建議父母這麼緊迫盯人，但對珊卓拉和特倫斯來說，兒子上回跟朋友出去幾乎快沒命，所以這似乎是重建信賴的合理橋梁。

致歉

諾亞的經歷雖屬非常個人，卻也影響到社區許多成員。他從醫院到家的第二天，爸媽就帶他到喝酒聚會地點跟對方家長致歉。還有陪諾亞上救護車的鄰居，對兒子勢必造成對方的擔憂和氣惱說對不起。珊卓拉覺得一定要讓那位在救護車上幫不省人事的諾亞祈禱的鄰居親眼見到兒子，抱抱他。鄰居抱著他，鬆了好大一口氣。

更新溝通

當一件事得到如此大的關注時，通常會朝各種方向發展。人們想知道發生了什麼事、是怎麼發生的，以及做了什麼防堵措施。

就諾亞的情形來說，社區家長迅速聚集。九年級男孩太過好動，陷入自己無法解決的麻煩當中，這點實在令人憂心，於是那群男生的家長親自出席一個小時，討論大家能怎樣互相支援彼此和孩子。當涉及安全危機時，公共會議是很好的途徑，藉此導正訊息，計畫未來，提升眾人的意識與責任感。這時，珊卓拉和特倫斯在他們覺得可以的範圍內做出分享，包括打算把諾亞留在家裡兩個月，上學除外。其他家長的反應是同情與保護。「那可能發生在任何一個孩子身上。」他們要珊卓拉和特倫斯安心，並全體承諾共同注意孩子們的安全，就此議題保持密切聯繫。家長爲酒櫃買了鎖。大家決議當孩子們來家裡聚會，會時時留心。這些新朋友幾乎都是高中開學認識的，一位家長便自告奮勇要整理所有家庭成員的姓名及手機，確保大家可互通有無，隨時掌握男孩們的動向，以及最後一秒的行程改變——任何一個九年級家長都曉得那是常態。「孩子們正在整理東西，準備去史都華家玩電玩。史都華的家長在嗎？」「我在！讓他們過來！」高中後期他們就沒這麼密切監控了，但在高中第一年，家長們都覺得逃過一劫，之後大家都同意要讓這群小夥伴緩一緩，打造一個氛圍，讓這些男孩知道大人在盯著，但也滿足他們跟朋友相聚的需求。

前進

給孩子消化的時間與空間

珊卓拉形容諾亞從圍堵期間以來的成長，宛如歷經哀悼的過程。他對禁足一開始的反應是抗拒，有著某種「這不可能發生在我身上」的愕然，繼而是憤怒。諾亞對要跟朋友隔離這麼久感到痛心疾首。等他最終回到朋友群，他們會不會氣他害大夥兒被逮？他最擔心的是，大家是這學年起才認識的，他們會不會就此扔下他繼續前進？再來是協商。憤怒退場給哀求，希望能有機會跟朋友合好。然後是某種淡淡的哀傷，諾亞把自己關在房裡，上演對自己處境的深沉悲傷。最後是接受，他重新與家人一起看電視，願意跟爸媽談他的傷心和困惑，以及（終於的終於）對他讓爸媽那麼驚嚇致上歉意。

珊卓拉這邊，起初對諾亞似乎沒留意到她的痛苦，而只在乎這起事件對朋友的影響感到受傷，特倫斯也有相同感受。回頭看，兩人都說，讓諾亞用自己的方式消化，遠勝過迫使他從爸媽的角度看這件事。因為他們沒有爭執諾亞該如何走過這些階段，他終能達到他們所期待的狀態。

鑑別你的恐懼

不陷溺於挫敗的時刻，有一個做法就是允許結束。當涉及安全時，這點對父母永遠比對孩子難。珊卓拉和特倫斯的心中可能還有些疑慮，讓他們難以給諾亞需要的回到正常生活的自由。

這些疑慮諸如：

是我們的教養方式讓他做出這樣的事嗎？

他會持續這麼做嗎？

其他家長會叫他們的孩子遠離他嗎？

老師會視他爲壞學生嗎？

諾亞會從此踏上成癮之路嗎？他們這輩子最可怕的夜晚還會再次上演嗎？

大部分的問題只有時間能夠回答。與其不斷咀嚼它們，不如注意你的恐懼不斷放大而沒被控制的時刻，回顧鑑別恐懼的步驟，判斷你在接下來的二十四小時能做些什麼。再度提醒，你若能於一天之內做些什麼來減緩恐懼，就只寫下那些恐懼，然後專心對付。如果不能，另外寫一份清單，跟自己保證，你將先擱置前面那份清單幾天或幾週。你不必丟掉那些恐懼，因爲它們對你仍有意義，你只是暫緩處理而已。

先面對一種恐懼

我們先看看有關安全的恐懼。在討論孩子的權利法案時，我說過一罪不應兩罰——不應用此事件作爲兩次處分的手段。恐懼讓你不斷叨念這次錯誤，它說如果你不這樣就會疏於注意，而慘劇將再次發生。它要你保持警覺。但這是錯的。

對父母而言，諾亞這種失敗，在最糟的狀況中名列前茅；排名更前面的則是這並非單一事件，而是還可能一再發生。任何父母的大腦可能徘徊在這股疑慮當中，擔心像電影《今天暫時停止》（*Groundhog Day*）的情節一樣，再三重複同樣可怕的經歷。話雖如此，這不代表爸媽應不斷就著同一件錯事一直譴責孩子，只因他們害怕可能的後果。諷刺的是，你會讓孩子經歷他自己的「今天暫時停止」，以避免出現在屬於你的版本。面對現實，把孩子鎖在家中，跟他們說你不相信他們，只會適得其反，事與願違。

是的，當孩子上回落得躺在急診室裡，若還給他們機會，那實在太令人心驚了。所以，循序漸進地讓他們恢復正常很重要，這讓你有機會觀察，並就你所見做出判斷，而非就你的恐懼。

此處父母另一個最大的恐懼在於觀感。孩子的醜聞會給他貼上標籤，對他的社交及課業生涯造成不利嗎？對他的自尊又有何影響？他能恢復嗎？父母的大腦自動想到這些並不難理解，但預期最壞後果、把情況災難化則於事無補。我們在本章談過的某些事，像是溝通要精簡正面，對保護孩子的名譽是有用的。在那之後，父母能做的最好事情是，讓孩子自己向大家證實他們的本來面目。把他們藏起來太久，只會讓大家做出錯誤的結論。

捍衛孩子的權利法案

你的孩子已經傷害了自己。他們與你已走過圍堵和解決階段。接下來呢？這裡涉及了哪些權利？你們該如何協商，以能安全地向前邁進？

就諾亞的情形，以下三種來自孩子的權利法案的權利，似乎最能影響他超越事件並從中成長。

選擇自己的朋友，與同儕相處

「噢，不會吧。」你想著。

我懂。但父母不能因為孩子開始時的社交表現太差就不讓他們繼續。這類事情需要練習。你也不可能隨時都在他身邊，所以有些練習必須自己單獨做。這裡也涉及了你的權利。在你努力讓孩子回到其社交生活的過程，你也值得擁有一些平靜。舉例來說，諾亞願意讓父母從視訊通話中看到他，就是他獲得更多獨立的墊腳石，也尊重到爸媽能不那麼恐慌的權利。

獲得無罪推定

誰都不該為同樣的罪再三付出代價。父母要記得孩子努力想求好，如果無法做到，表示他們可能需要更多的幫忙。但要小心，別把青少年一般的行為和較大的冒犯舉動混為一談。你的孩子被逮到喝酒喝到吐（恐怖且非法），週末都睡很晚（讓人很煩），把空的麥片棒盒留在食物儲藏間（呃）。要留心，一直搜集他們的錯處會有危險。諾亞的父母應該清楚劃分此際重點何在，別把這樁喝酒意外放在天平上，為他未來的每一個錯誤加碼。這麼做只會讓孩子躲起來，而那是對他們最不安全的地方。

犯錯並有修補的機會

「但讓孩子出去我就是無法安心，他可能會再度傷害自己。」

不是可能。他會的。但願不是以同樣的方式，但一定會。他跟我們一樣是人，會做出錯誤的決定或是運氣不好，時不時會受傷。當諾亞再次犯錯，他的父母可以邀他走上修復之路。致歉、擬定改善計畫和反省，這些都有幫助。

社群能幫什麼忙

我們很難從挫敗中記取教訓的原因之一是，人難以拋掉難受的情緒（羞恥、慚愧、痛苦），轉而留心那段經歷可以帶來什麼。換言之，失敗令人難受，而我們往往深陷泥淖，沒能把傷痛打包放好，然後專注於什麼對自己更好上。

我們都很清楚，要跨過自己有多麼困難。我們擦拭、埋藏、忽略種種證據，好忘記自己曾經做過的。愈把心力用在那裡，就愈沒心思往前邁進。我因而想著要如何才能不陷溺於難受情緒當中呢？

諾亞的故事或許提供了答案。關愛、支持和接納是繼續前進的關鍵。所有人，尤其是孩子，都值得知道我們的愛，而且那份愛與接納並非源於他們的成就。當我們這樣對待挫敗的孩子，他們就不再費力掩埋失敗，而能展開行動，從中汲取教訓。別忘了中澤的社群效應（我在第五章有提及，參見第115頁）背後的科學，說到社群支持與接納對身心產生的效果，沒有它，我們都很糟。

我有訪問過孩子遭遇類似諾亞經歷的另一位家長。孩子未成年藥物成癮，好在有社群支持，讓他們回到正軌。但一個重要差別在於，後者的使用動機不同。諾亞是因爲衝動，另一個孩子則肇因於未被診斷的心理問題。如我在本書一開始所言，心理問題不是失敗。我分享這件事以強調由愛心大人構成的社群，當他們挺身爲那些自我抽離的孩子出面，將能產生何種救命與改頭換面的效應。

凱咪是單親媽媽，聰明可愛的女兒瑪莉莎拿到一所著名大學的辯論獎學金。進去大學第一年，瑪莉莎爲憂鬱症所苦，開始以大麻來緩解。首先留意到她行爲異常的是辯論教練。一開始，她發現瑪莉莎連夜在群組發簡訊，有時是宏偉的競賽規劃，有時是責怪某些成員不夠投入與努力、知識或技巧不足，此外她也會在練習時睡著。

教練察覺到不對勁。當瑪莉莎愈來愈抽離，教練大可任她離去。不去管她的怪異行徑，用心在其他努力的學生身上，其實比較容易。但她選擇到宿舍找瑪莉莎談。瑪莉莎先是否認一切，憤怒地拒斥她可能需要幫助。如果她錯過練習又如何？她仍是最優秀的成員之一，是取得勝利的關鍵因子。

瑪莉莎的教練看到的不只是一個太過自信的學生。她察覺到精神疾病的端倪，於是聯繫凱咪，讓家人能提供援助。因爲教練的介入，凱咪得以爲女兒找到援助，包括確診憂鬱症及四氫大麻酚所誘發的精神疾病，那也說明了她狂躁的舉止。今天孩子們吸食的大麻，要比父母年輕時強烈許多。體質敏感一點的，即便沒有吸食過量，也可能罹患四氫大麻酚誘發的精神疾病。

瑪莉莎休學一個學期療養身心。當她回到學校，發現自己需要跟一些她得罪過的隊友修復關係。她坦然告知自己的狀況，並扛起修復之責。多數隊友都張開雙臂歡迎她歸隊。有些人說出自己或家人的精神疾病，於是瑪莉莎成爲大家能夠仰賴且不帶批判的傾吐對象。再度強調，瑪莉莎有憂鬱症絕非失敗，但一個沒看到全貌、只是從外瞥見的人，可能會認爲她的舉止是失敗。多虧她的教練深入了解，讓瑪莉莎獲得所需的援助，此刻在大學裡發光發熱。

相關常見問題之快問快答

Q 我兒子一直從事愚蠢的冒險而不斷受傷。我有不用擔心的一天嗎？

A 是的，我相信會有那麼一天，他將不再這樣衝動的跳躍，抑或是你將習慣這些。與此同時，我相信你希望有辦法能讓他不必再打石膏，或是你不用再服用鎮定劑。

先觀察這些傷發生最頻繁的時機點。是只有在朋友觀看的時候嗎？是在熬夜了幾天，幾乎沒怎麼睡之後嗎？還是當他顯得比平常更情緒化之時？當你用心觀察，你可能會發現這些意外與孩子日常生活中的其他事情有關。如果能抓出關聯，你就能著手解決。做個神經心理學評估，可以知道是否需要藥物或諮商來控制衝動。如果發現是主要原因，理性對話和合理後果（「小子，你猜誰要分攤急診費用？」）大概就足以讓孩子轉向。也有可能（我相信這絕對可能），他需要有宣洩精力的安全出口。總之，先用心觀察這類狀況發生的時機與相關事件，再做診斷也不遲。

Q 這一章怎麼沒談到割傷？

A 好問題。如果你想多了解自殘，我放在第十一章。

Q 我青春期的孩子零食吃個不停，對我準備的營養食物卻興趣缺缺。我要怎樣才能讓他們吃得營養，經常運動，顧好身體？

A 你辦不到的。這是個讓人情緒沉重的重大課題，我要推薦一些有關身體自愛、營養及運動的專家指引。發育中的身體方面，可以看蕾貝卡．斯克里奇菲爾德（Rebecca Scritchfield）的《身體慈悲》（*Body Kindness*），讀艾琳．沙特（Ellyn Satter）談餵食與飲食責任之書，追蹤瑪雅・費樂（Maya Feller）在Instagram BIPOCommunities對營養與幸福的探討，訂閱維吉妮亞・索爾—史密斯（Virginia Sole-Smith）的《焦吐司》（*Burnt Toast*）電子報，聽聽好笑又豐富的播客節目「維護階段」（Maintenance Phase）。

這個功課很重，所以也請知道：以美國來說，十二到十六歲，男生體重平均增加二十二到二十七公斤；十一到十四歲，女生體重平均增加十八到二十二公斤。青春期是孩子增重的階段，這樣才能擁有成人身材。光是吃菠菜很難增加二十七公斤，更別說碳水化合物、乳製品和糖又很可口。青春期多補充這類食物沒關係。讓他們選擇吃得開心並能讓他們長大的東西。如果你想加以控制，他們會反抗，就算不是當面，也會在私底下。我們現在也跟中學時吃得不同。我們的味蕾、對食物的興趣、對食物引起的感覺，會隨著時間及社交圈演進，而不是因爲爸媽或教練告誡我們吃錯了。重點是，沒遵照父母的指示飲食和運動並非失敗。如果你要盯著這些，即便只是稍稍一提，都可能造成飲食障礙、自尊低迷或關係破裂。沒錯，是有方法可以引導孩子正確飲食和開心運動，但請先就教於上面建議的專家們。

Q 我的孩子去穿耳洞，然後用帽T遮掩了好幾個禮拜，現在嚴重感染。沒能顧好身體和不誠實

以對，哪個比較糟糕？我要施予兩次處罰嗎？一個是穿耳洞，一個是不坦白。

A 我覺得多數父母會認爲撒謊比較嚴重，但我認爲是穿耳洞。並非我覺得穿耳洞有錯，而是撒謊在青春期根本是家常便飯，我一點兒也不意外。我不喜歡，但我明白。孩子會因爲各種原因撒謊，到了青春期更是變本加厲。撒謊本身並不意味著孩子品行不良，而且他們多數會自行改善。你當然應該指出事實，讓孩子知道你心知肚明。有時候被識破便足以阻止這類行徑。如果不斷地撒謊已影響到你對孩子的信任，尤其涉及他們的安全時，不妨用上自然後果。舉個例子：「近來你撒謊的情況不少，讓我對你的信任瓦解了。我們要把你的宵禁提前/減少你的社交生活/增加作業或家務事，直到我覺得能再相信你爲止。」儘可能保持平靜與實事求是。當孩子知道你能接受他們的經歷、甚至失敗而不會跳腳，他們就不太會撒謊。要是他們覺得你無法接受，好啦，你將看到《軍官與魔鬼》（*A Few Good Men*）裡的傑克·尼克遜（Jack Nicholson）對著你尖叫。

回到發炎的耳朵。我覺得這個問題比較嚴重的第二個理由是，發炎若影響到血液，會有致命的危險。也有一些沒那麼可怕的自然後果，像是難看的耳朵，而非很酷的耳洞。依孩子的個性做出反應。覺得羞愧的孩子不需要你點明事實。但若他似乎搞不清楚狀況，不妨要他自己打給醫生約診拿抗生素，並且用他自己的錢付費，然後跟你分析發炎對身體的影響。

Q 孩子一直不照顧好自己的身體該怎麼辦？像是一直抽大麻、惹麻煩？這種情況一再發生，爸媽該怎麼辦才好？

A 當你看到重複出現的行爲模式，最好尋求專業協助。小兒科醫師或諮商師是很好的起點。記住，醫師、心理學家、精神科醫師也是人。他們把自身的經驗和教育帶到每位患者面前，然而身爲專家並不代表他們完美，有時甚至連好都談不上。從你的支撐網尋求推薦，花時間從數名選擇中找到最適合你及孩子的專家，並根據高品質的醫療研究評估專家建議。

蠻勇孩子的一線希望

當孩子像諾亞這樣瀕臨無以挽回的身體傷害，嚴重的失敗可以是改變他們現況的啓發。青少年的一個重點是認識自我的限制：身體的、心理的、道德的、性方面的，還有其他。諾亞只顧發展新的高中社群，以致沒能看到自身的限制。蠻勇的光明面在於你不必擔心太過隱晦：它帶來的教訓，明確無誤。想像停電時你伸手在屋裡摸黑而行，然後讓人措手不及地，你的小腿撞上了茶几，一屁股坐在茶壺上。青少年就像那樣。你全心避免某種不好的狀況，卻將自己暴露於其他險境中。只要讓你認識自己的限制，一個暫停無論如何慘痛，其實都是祝福。就是別做那種每當孩子進屋就指著茶几大喊「小心！」的爸媽。燈已經亮了，瘀青也夠讓他們記得了。

8

沒能跟上課業：邊緣人

孩子爲何學業表現不佳

我記得我第一次覺得自己很笨的時候。

那是六年級的家長之夜。我是新學生，這是我從幼稚園起讀的第四所學校，所以我已經很習慣改變。我也很習慣當班上最聰明的學生，可以說我是爲家長之夜而生，因爲老師們總會滔滔不絕地談著我的表現，然後我會驕傲地帶領爸媽到我的座位，瀏覽我的成就。然而這一晚，我的班導把大家的文章掛在四周，讓家長漫步欣賞。

我的……很糟，而我卻是看了其他人的作品才知道的。這趟家長瀏覽之旅完全出乎意料。

那晚之前，我從沒看過同學們的作品，我發現他們都是天才小醫生，而我根本是邊緣人。作業提示來自從雜誌上剪下的照片。他們的語句結構複雜，引經據典地論述心臟移植、種族不正義等議題。我想我描述的是一場海灘派對，人們在那兒「跳舞什麼的」。

回家路上，我爹①切入重點。「看來你得迎頭趕上。」我心碎了。但他隨即說了我永遠記得的話。「這樣很好。以前你總是班上第一，無路可去。現在你可以繼續往上。你一直都能達到周遭的水平。」

對我來說，每當我感到自己在盡力趕上，那成了運作守則。當我身邊都是優秀分子，他們把我也抬高了。水漲船高嘛。

那絕對不是我覺得自己笨的最後一次，但我爹對那次經驗的描述讓我獲得正確的觀點。我還是怕談很多議題，因爲我沒有足夠的聰明才智、甚至相關的語彙，但我仍喜愛跟有能力的聰明人在一起。我們說孩子的智力，深深影響著他們後來對自己能力的信心。

孩子在學校表現不佳的原因層出不窮，不適應的學生數量更是龐大。像我這種型是討人喜歡、表現良好，直到被迫更上一層樓。有的孩子學習狀況不同，想盡辦法掩飾，直到課業需求大到他們無法繼續；有的孩子的生存環境讓他們無法專心於課業上；有的孩子缺乏資源繼續向學或社交；有的孩子是健康不允許；有的則是不適合這個教育體系。但即使這麼多孩子難以出頭，我們仍希望他們有所表現。學校占孩子生活這麼大的一部分，我們仰賴它建構孩子美好的未來，當孩子不適應這個學術殿堂，我們（以至他們的師長）都感到恐慌。換個角度描述這段學習歷程，就像我爹爲我做的，是成功的關鍵。

---

① 故事中是我的繼父，但我稱他為我爹。此處做個聲明，以免後面提及我的童年時顯得有所衝突。

當孩子在校表現不佳，那是在向大人傳遞出他們有所需要的訊息：新的角度，更多刺激，少一點刺激，特殊指引，不同環境，藥物，諮詢，個別教導，時間，關懷，相信……，這裡僅提出眾多可能當中的一點點。有時是因爲孩子過了很糟的一個禮拜。有時是一年。試想青少年發育的一年中要經歷的改變：發育中的大腦、身體及自我認知。此外，還有身處於複雜的社會環境，伴隨著要求愈來愈高的學校課程。學校是爲廣大人口設計的機構，可想而知，傳統的學校教育無法滿足所有的孩子。當孩子在學校體系前進兩步又後退一步，不要緊張。就像本書中其他的挑戰，我更在意的是孩子在校呈現的趨勢與模式。當大人注意到這些時，便是協助孩子將原本以爲的挫敗轉化爲成長的契機。

想進一步探討孩子如何從這類挫敗中成長，我們來看圍堵、解決、前進策略如何幫助了一個家庭。案例之後，我將答覆一些相關的常見問題。

【案例3】 **見見邊緣人**

麥斯怎樣沒能跟上課業

雷娜的兒子麥斯向來有很強的自我意識。熱愛音樂的他，六年級第一天，他的穿著像他的偶像卡洛斯．山塔納（Carlos Santana）——T恤外面搭捲袖外套、牛仔褲、徽章和呢帽。媽媽提醒他上學前要脫掉這身打扮。「他們可能不知道你是誰。」雷娜輕聲提醒兒子。

麥斯卻很堅定地回答：「沒問題的。我知道我是誰。」

讀到這段，是不是讓人窩心又痛心？這能開啟廣大的歡喜還是傷痛，就看麥斯受到什麼待遇。

結果，麥斯從不曾因自己的與眾不同而被同儕排斥或嘲弄，反而是老師，並且不是出於他的穿著。

在學校，麥斯十分賣力地跟上課業，儘管他相當聰明自信。麥斯的老師認為他們很了解他：一個很有潛力卻不夠努力的孩子。老師口中的麥斯不專心、不事先準備、甚至「懶惰」，於是麥斯拚命爭取老師們認為只要他用心就能拿到的成績。與此同時，麥斯開始覺得跟同學有距離，他們關心一些他不理解也不在意的事情。大部分時間，他寧可跟媽媽以及她的朋友在一起。

雷娜很高興麥斯跟在身邊，但她很擔心老師們對麥斯的評語，也不知道該如何釋放師長眼中麥斯潛藏的實力。

當麥斯帶回他九年級上學期的成績單，裡面是兩個C、一個D和兩個F。

雷娜知道這當中有問題。她不認同老師所說的，麥斯只需要更努力。畢竟，她每晚看著兒子花多少時間用功，然後沮喪地哭泣。

圍堵

搜集真相

雷娜知道她需要更多資訊來解決這個謎團。麥斯念的公立幼稚園曾評估出他有閱讀障礙，但當時麥斯並未碰到什麼困難。到了三年級，他被評估出有數學運算障礙，此障礙影響大約3至7%的人口，它顯現出運算困難，像是往前或往後計數、計算數量或大小、拿捏距離、不用目視記住數字，解出最基本的數學題。因此，儘管雷娜、師長和麥斯都知道他對數字有問題，卻不明白他在其他領域也有障礙。

雷娜回想麥斯靠著聰明及魅力，順利度過小學和初中，儘管七、八年級的老師對他已失去耐性。到了高中，師長們的困擾讓她決定爲兒子在校外另行測試，而這是一件若不是費用太高她早有打算要做的事。麥斯九年級時，雷娜帶他去找了教育心理學家進行全面性的神經心理學評估，發現他同時有著閱讀障礙與數學運算障礙，這種學習問題影響將近兩成人口，造成書寫文字、甚至口語困難。所以說，除了數字相關方面有問題，麥斯的閱讀障礙也影響了他的閱讀能力、書寫、拼字，甚至社交技能，像是自在地表達想法或領會微妙的笑話。然而，這些學習異常絕不代表他的智力或決心。

雷娜一方面高興得到了答案，一方面則氣惱校方給麥斯貼上「懶惰」標籤這麼多年。她也擔心這對麥斯造成的傷害，儘管麥斯相當有自信。此外，她也憂心著麥斯的未來。最近麥斯不再用功，因爲怎樣都得不到他期望的成績。他將這樣一蹶不振嗎？這對他的未來有何影響呢？

肯定孩子

雷娜認爲要推促麥斯前進而非陷溺於挫敗當中，重點在肯定他的強項。她覺得「用心傾聽兒子」是兩人如此緊密的原因。雷娜明確地告訴兒子，不是他懶惰，而是老師們錯看，而這點將從此改變。事實上，雷娜讓麥斯清楚知道在診斷之前，媽媽就看到他付出多少努力，而成績不能反映這點。雷娜說：「他完全信賴我，而現在，他也相信他自己。」

控制敘事

告知診斷結果屬於個人決定，也是孩子應該參與的過程。在我個人的臉書群組「初中家長放輕鬆」，這項課題不斷地浮現。家長不僅爲著是否跟校方、保險公司、親友分享個人這些資訊傷腦筋，也不知道是否應該告訴孩子。當你知道你有學習障礙、自閉症、注意力不足過動症或憂鬱、焦慮等精神疾病時，是否會造成無能或「異類」的感受？特別是當你年紀還小時？

把孩子的診斷放在個別化教育計畫（個別教育方案，參與者必須出示診斷證明，顯示其有特殊教育需求）中，會影響他們後續的學業選項或他們在師長、同學眼中的形象嗎？如果諮詢是治療的一環，拿診斷書向保險公司辦理理賠，會影響孩子將來的就業嗎？假如他們想從事公職的話呢？這類問題層出不窮，每一個又會引發更大的不確定性。

整體而言，我這群組的家長在這方面很有經驗，且多數都說，跟孩子坦白告知他們的診斷情形具有正面效益。有些人警告，若現在隱藏結果，待來日揭曉時，反而會顯得那種狀況「不對勁」，造成羞愧。許多家長說，當孩子曉得他們的大腦運作情形，反而會大感放鬆，萌生信心。困惑及自我懷疑退去，取而代之的是一股使命感，依其獨特特質而奮勇向前。

家長們認為個別化教育計畫有其效益，尤其是在小組測驗、延長考試時間、更多休息、提供諮商等方面。但大家也公認，唯有當學校有能力提供特殊措施，這項計畫才能發揮作用。他們說，當他們跟老師保持密切聯繫，該計畫效用最大，畢竟老師要照顧那麼多不同需求的學生。

說到這，你最好問問老師，他們希望怎樣的溝通程度，不致使他們時時刻刻淹沒在四面八方的來訊當中。個別化教育方案的一個缺點是，孩子可能因受到特殊待遇而感到困窘難堪，但過來人的家長認為，告訴孩子他們因缺乏特殊待遇而跟不上，也會讓他們感到被孤立，而且那感覺更糟糕。

就我的經驗，年輕人的社交接受度遠比大人好（例如對於性別、性別認同、性意識等等）。

我也認爲年輕人對同儕診斷結果的接受度超乎大人想像。特別就個別化教育方案來說，若能解釋特殊待遇何以非屬不公，不是給予額外好處，而是打造公平的競爭環境，我相信班上同學都能夠理解，某些人確實需要某種途徑來取得最佳學習成效。

把結果透露給保險公司似乎在群組裡引發最大爭議。當然，多數家庭要靠保險才能負擔諮詢費用，所以這項爭論只存在於財務無憂的圈子裡。但群組中許多父母基於診斷的強制要求，決定不申請理賠。他們擔心這會影響到孩子將來服役或從事公職，或是對保費造成的影響。美國各州對於心理健康紀錄的保存規範不同，但保險紀錄的任何心理健康治療都會作爲病史列在紀錄中。這聽來或許令人不安，我卻要全心呼籲，不接受治療實在更令人擔憂。因此，如果你有能力自費，不讓保險留下紀錄，那是最好。如果不行，請善用保險公司或社區福利計畫提供的心理健康方案。感謝天，心理健康日漸正常化，尋求諮商以維持心理健康，跟身體不適看醫生一樣無可非議。

雷娜迅速曉得她必須將麥斯自我認知的傷害降到最低。如今有了診斷結果，她得做很多功課，以了解如何幫助麥斯，讓他知道他並非孤軍奮戰，但那需要時間。在此同時，她做了兩件事來協助麥斯化解挫敗的感受。

解決

採取行動

換個角度

在努力認識麥斯雙重診斷的同時，雷娜仍得設法克服兒子成績低落的問題。他念的公立學校學生太多，校方支援人力不足，雷娜認爲麥斯不能繼續待在那裡。雷娜從網路上有學習障礙的家長平台找到了支撐網，從中發現一種做法：麥斯可以一部分時間繼續在原來的高中就讀，一部分時間在家自學。雷娜有全職工作，但她母親住在附近，可以帶書過來協助麥斯自學或僅僅與他爲伴。這個混合的新做法讓麥斯得以順利畢業。

要不是找到這個選項或有母親幫忙，雷娜恐怕得另覓管道，包括轉學到能照顧特殊需求學生的私校（那太貴了，雷娜無法負擔），或是爲麥斯找到更實際的個別化教育方案，不斷追蹤，確保能滿足麥斯的個別需求，並鼓勵教導他在學校爲自己發聲。

教育

配合麥斯的學習需求仍是進行中的計畫。雷娜說：「這眞是花了我很多的精神，因爲多年來校方一直說他很聰明，只是需要更努力。」實際上，麥斯是很聰明，但他需要不同的努力，而非更努力。既有的體系要他適應他無法適應的模式，因爲如此，他逐漸被貼上「失敗」的標籤。相信自己的直覺，是雷娜幫助麥斯步向成功的重要開頭。雷娜的持續教育包括把她的新知轉給麥斯，讓他明白他的過去不能反映他的才智。

前進

鑑別你的恐懼

麥斯的學校經歷讓雷娜不斷擔心，主要是他能否存活於這樣一個不適於他的體系，之後又怎麼存活於根據這體系來評斷高下的世界。雷娜的憂慮聽來如此：

麥斯能否高中畢業，進入大學？

我們能否負擔麥斯所需的教育費用？

如果他沒能高中畢業或上大學，將來還能賺夠錢享有快樂人生嗎？

麥斯仍有部分時間就讀原來的高中，師長會認眞看待他的診斷情形嗎？他們知道如何提供協助嗎？

他會知道怎麼跟同齡者交朋友嗎？還是認爲自己如此不同，以致連試都不想試？

先面對一種恐懼

雷娜知道自己會不斷尋找答案來撫平憂慮，但此刻，她決定要馬上對付的恐懼是：師長無法幫助麥斯，仍認爲他就是懶惰。

並非雷娜不感激、不信賴或不尊敬老師，但她感到既有體系辜負了她，她覺得必須保護麥斯不再受傷，同時也保護跟麥斯處境雷同的其他孩子。雷娜打算繼續研究相關議題，並成爲該地區的一項資源，讓其他家長、老師、行政人員更加了解如何協助麥斯這類孩子。那就好像這位客氣有禮、語調輕柔的雷娜正積極建立其支撐網，但她不再輕聲細語，而是爲需要的人拿起擴音器。

當然，多數家長無法擔負起這份額外的志業，多數老師工作滿檔也無法額外教學。雷娜說她微小的第一步是，用最簡單的語言向老師解釋麥斯的雙重診斷，請他們在面對麥斯時能多考慮他的狀況。她希望他們理解麥斯並不是懶，而是處於龐大的劣勢。

捍衛孩子的權利法案

在了解到自己在社交和學業上的處境後，麥斯需要協助，幫他持續探索他在這些領域的權利。透過以下幾種管道，雷娜可幫忙捍衛兒子的某些權利。

自行決定信奉的理念

麥斯還小時，雷娜想像他將奉行她的信念，例如他勢必要上大學。如今這很難說。也許他會找一所能配合他狀況的大學，也許他會就自己的步伐慢慢念，也或許他根本不上大學。但這個決定要看他自己的價值觀，而非依據雷娜的或是老師們認爲他能企及的。有權自行決定其理念，會是麥斯感到爲自己做正確決定的關鍵，而非像個爲他人不斷踩輪的沮喪倉鼠。

練習對自己的身體做出明智的決定

麥斯的大腦運作與常人不同，但也沒有不同到他無法找到可以學習的同類對象。許多人也有這兩種診斷，很多研究也能讓他進一步了解該如何表現。他可以也應該盡力從他人身上學習，爲自己做出明智且最好的決定。當他能爲自己發聲，具備相關知識，他將更有能力開創前途，而非只當個局外人。

看向全新

雷娜說，部分時間在家自學的一個好處是，麥斯不必爲課業太過傷神。有了多餘的時間後，他加入一個樂團。他是吉他手及鍵盤手，在iPad上自己作曲。我不認識麥斯，但從雷娜描述他六年級時以穿著向山塔納致敬，我覺得這眞是最好的結局。

我問雷娜，麥斯是否有上大學的打算，她說她覺得有，但他並不完全確定。現在他知道自己的學習狀況，他看到更多的可能性。雷娜這邊認爲他可以當個好律師，理由倒不是一般父母說的孩子很好辯。「他非常冷靜、富有思想且善於分析。」雷娜這麼解釋。

孩子在校表現不佳，起初可能令人害怕，但當你找出原因，就可能開啓嶄新且更好的學習途徑。比方像麥斯這種有閱讀障礙的孩子，其實有許多正面消息。他們通常善於記憶，會用創新的方法解決問題，想像力充沛，能與人進行深入有趣的交談。他們培養出這類補償能力，最終成為我們「正常」視野無法看出的傳訊使。想想愛因斯坦、電影導演史蒂芬．史匹柏、拳擊運動員穆罕默德．阿里、維珍集團董事長理查．布蘭森、非裔美國女演員奧塔維亞．史班森、英國作家阿嘉莎．克莉絲蒂。如果你的孩子有學習方面的異常，不妨搜尋那些分享自己診斷情況的名人，他們證明了這樣的異常可以是份禮物。

相關常見問題之快問快答

Q 我女兒念八年級，關心社交生活遠甚於近來一路下滑的成績。我要怎樣讓她理解這些朋友幾年後對她毫無意義，但當她開始申請大學，壞成績卻會讓她後悔莫及？

A 雖說她目前這些朋友將來可能不再重要，但這些關係的經歷對她的成長仍有價值。有鑑於此，我不會貿然貶低這群朋友帶給她的感受與收穫。

話說回來，我們也不希望她的課業犧牲給豐富的社交生活，這兩者毋須互為代價。我猜有兩種情況。第一，她發現要努力念書，又要能顧及跟朋友聯繫，很難做到。這個年紀的孩子常覺得自己的社交地位繫於每個新出現的機會，一則沒回到的簡訊都可能讓他們掉出社交圈。不然，第二，她發現課業變難，需要比以往更努力，或是她難以像往常那麼輕易理解，這兩者都使她逃避作業。

無論何種情況，你都可以告訴她，你認爲她的學業和社交生活都是她成功及開心的必要面向。當你肯定她跟朋友的往來，她就會願意聽你說話。再來，跟她說明課業落後會拉開她跟朋友的距離，像是分班、硬性課後學習、甚至留級。明示狀況之後，跟她一起找出她能兼顧兩全的辦法。我看到一個頗有效的方式是，聘請當地高中或大學生，帶她設定目標，完成作業，這樣做的成本效益不錯。你的女兒可能也比較喜歡跟夠酷的年輕人配合，而不是過時而「搞不清狀況」的爸媽。

Q 我兒子小學讀資優班，現在上了初中，成績卻很差。我不知道是因為這個階段他抓不到讀書方法，還是他覺得自己的程度太差，提不起勁。我要怎樣找到答案？

A 當孩子升上初中，面對不同班級與老師的各種狀況和期待、學習內容愈趨複雜、社交活動也令他們分心，家長常看到脫軌的狀況出現。變數這麼多，要找出成績滑落的根本原因很難。你不知道你兒子的問題是來自他能力不足，還是興趣缺缺。要確定是否爲前者，可要他跟你或同學一起讀書，嘗試不同技巧：有時朗誦、有時閱讀、有時活動等等。

如果是出於無聊，你可尋求專業的評估。心理學家可測出你兒子的學習模式，看他是否屬於擴散性（divergent）學習者。一九五〇年代，心理學者基爾福（J. P. Guilford）提出這個名詞，讓我們了解擴散性學習者的差異，像是天馬行空、很會解決問題；聚合型（convergent）學習者則傾向遵照現有指示。有可能你兒子的學習風格與校方的教學方式不合。若是這樣的話，你可詢問校方是否能提供配套措施，或是考慮幫他轉學，但這要與兒子事先商量。最後，如果無法轉學，你可以循循善誘，讓他明白他大腦的學習方式，並在家打造適合他學習的情境。

Q 我十年級的兒子很聰明，但只對他喜愛的老師教導的科目用心。如果不喜歡那位老師，他上課都不發言，作業也只求低空飛過。我要怎樣讓他明白這種態度只會害到他自己？

A 要讓青少年領悟到，今天他不在乎的事情以後會影響很大，會讓父母覺得自己像薛西弗斯——那位被希臘天神宙斯逼著不斷推巨石上山的先生，每回他以爲自己完成了使命，巨石隨即又滾落下山，他又必須重新來過。

理論上，你兒子或許偶爾會表示同意，但下次某位老師讓他不爽，你的巨石就又來了。青少年學自經驗，而非老生常談，更不是希臘神話。

但儘管你或許無法用未來說服他，也許可從過去找到方法。快，跳上我的時光機，把時間撥回到你兒子揮出第一支全壘打那天！我沒有時光機，但我希望你有辦法。你記得孩子成長的許多事蹟，找出一樣他做得很好的事，儘管教練、老師、隊長或隊友不覺得怎麼樣。告訴兒子他以前曾如何克服困境，現在照樣可以。想想當初若只因爲教練或領隊令人討厭而不放手一試，是不是很可惜？只要能提出一個例子讓兒子看見，即便他不喜歡指導老師或同學、甚至活動本身，盡力而爲仍有價值，那麼你就握有明確「證據」，而非只是臆測。

如果這招不適合你或你兒子，試試這個：獎勵好的表現。跟他談談課業之外他想做到的目標，然後展開實驗。不妨這麼講：「我們來做個實驗，看看你雖然不喜歡那位老師卻很努力，結果會如何。如果你能……（比方進步一個等級，或全科都在八十分以上，或平日每天投入半小時），我就給你現金，或延後睡覺時間、延長上網時間，或任何我們同意的事項。」也許他純粹是為了現金，但就此階段來說，有什麼關係呢？把它當作實驗，你能讓他看到他力所能及，但願成就感能激勵他下學期的各科表現。

邊緣人的一線希望

學校並不理想：時間很長，教學不有趣，課程安排有違孩子的睡眠需求使他們筋疲力盡，評分網站讓所有人抓狂，老師不受尊重、報酬不足、跟大家一樣都是人。有些老師比其他老師好。我認為上學的作用之一是保持開放，接受每個人（基本上）都很努力，忍受讓自己抓狂的師長和同學，克服無聊，分辨順序。每個人身上都有很多不錯的地方可資學習。邊緣人的希望是，在這個體制下辛苦生存的孩子能學到怎麼換個角度看事情。當他們理解並不是每個人在同樣的環境下都能成功，他們就能找到出路，打破既有，開創新局。

9

不懂得關心他人：自我中心

青少年自我中心之必要

你下班回來疲憊不已，帶著糟糕會議惹出的淚痕準備晚餐，兒子擦身問說：「喔，我可以叫外送墨西哥玉米餅嗎？」或者，你籌備了數月的全家旅遊，女兒在最後一秒說她不想去，理由是怕錯過一個聚會。如此缺乏同理，讓你覺得自己是不是養了一個唯我獨尊的傢伙。是這樣嗎？

一位朋友告訴我，她十二歲時某個週六上午十點，爸爸進她的房間輕輕搖醒她，說他從梯子上跌落下來，要去急診室檢查腳踝。這位我所知最好心的女子之一，對中午前被吵醒怒不可遏，對著父親尖叫，然後拉起被子蒙住頭。

如今她事業有成，有兩個善體人意的女兒，我住院時送來她親手做的巧克力碎片香蕉麵包。她絕非那種只顧自己的自戀狂，但她爸爸在梯子事件後恐怕有著不同看法。那個週末他一句話都不跟她講。

幾乎每個人都會說，青少年自我中心很正常。的確是這樣。青少年在經歷心理學家艾瑞克森（Erik Erikson）說的「自我認同對角色混亂」階段，飽嘗自我對大我成員的衝突之苦。通常這始於十一歲左右，一路持續到二十出頭。家中有青少年者，每天都有好戲可看。如我在我的首部著作《中學改造計畫》中說的：「對孩子而言，了解自己在『爸媽的世界』之外是什麼樣的人、能融入什麼環境，簡直難如登天。要能脫離這避風港獨立，需要做出嘗試、不斷犯錯，以及幾許叛逆。」

他們必得嘗試，而那意味著他們花了你眼中太多時間沉浸於自我，凡事只從自己的角度出發，不再以你的小分身角色快樂過活。儘管這令人頭痛，但孩子若沒有只顧自己的這段時期，就難以發展到下一階段，即艾瑞克森所謂「親密對孤立」，掌握新生的獨立意識，拿捏與他人往來的渴望。沒能走好前一個發展階段，便幾乎不可能進到下個階段。沒歷經幾年自我中心的年輕人，很容易步入有毒或相互依存的關係，因爲你若沒先搞清楚自己，將很難跟人建立健康的關係。

我一直提醒家長，孩子發展自我的階段固然難過，但若沒這些年，孩子的未來會很不容易，我們自己更是，因爲我們恐怕得在情感或財務上提供支援。我們都認識一些似乎找不到快樂的人。他們尋覓著愛，期望他人帶來完整，但自己卻不明白怎麼愛自己與滿足自己，於是這些關係都煙消雲散。將這些記在心裡，下回看見孩子唯我獨尊，便可提醒自己。走過自我階段，才有將來的成就。

營造家庭的合作氛圍

青少年的家長，勢必得接受孩子某種程度的孤立。舉例而言，一個十三歲的孩子可能連續幾週都窩在房裡，某天出來吃晚餐時才比較願意開口交談。踏上小大人之路，他們「繭居」房間探索一切的可能，而房間是步入真實世界之前的安全空間。也許當家裡的小蝴蝶破繭而出時，看上去仍是那個毛毛蟲，卻似乎多了點自信，或許還把金髮染黑，畫上濃密眼線，說話帶點澳洲腔。不同於蝴蝶，孩子的轉變無法一次到位。他們繭居而出，出又繭居，直到發現自己最舒服的樣子。別覺得自己不夠關心，你是在給他們空間建立更強的自我意識。你愈這麼做，他們愈容易走過自我認同階段，愈容易進入發展健康人際關係的下個階段，再度親近家人。

話雖如此，若孩子的自我行徑太過疏忽、甚至殘酷，父母就要出手干預。是的，孩子可以也應該開始探索自己跟家人的不同。「是的，同時」當他們處於此階段，對他人的關懷與對家庭的責任並沒有消失。以下是我線上教養群組提出的一則案例。

一位母親問，她十一歲的女兒是否已能理解母女之間當有的獲得與付出。她覺得女兒近乎自私，不斷向媽媽提出要求，像是載她去朋友家、陪她當別人的寵物保母，而當她希望女兒一起去好市多購物或陪她遛狗時，女兒卻沒意願回報。

「她的年齡是否明白『我爲你付出，你也該對我如此』？」這位母親疑惑道：「對十一歲的她，我要求的情緒成熟太過頭了嗎？」

第二個問題的簡單答案是「對的」，如果你希望她爲了你的付出，樂意跟你相處。她想做什麼的動力，不是出於公平合理，而是發現自我的成長需求。也請留意這位媽媽所提例子的差異。女兒的年紀讓她無法如願那麼獨立，所以媽媽必須提供接送，並確保鄰居出城時寵物沒死掉。當媽媽答應女兒接下保母工作或去朋友家玩，她等於也同意了某種程度的支援和照看。另一方面，沒有女兒做陪，媽媽仍可以自行購物、自行遛狗。或許會有點孤單，但那是她的日常，並不需要支援和監督。當關係完全不平衡，要求對等並不合理或適當。

說到這，當孩子請你載他們外出或幫忙什麼事，你常會騰出屬於自己的時間給他們。許多女生被教成烈士，我就見過很多媽媽如此以自己爲代價。請別爲孩子犧牲掉你充電的時間，只不過身爲父母，你不可能不爲孩子做事。所以一方面，你不能期待孩子回報你的付出，更不能講出他們欠你的話，另一方面你可以說明你有需要幫忙的時候並開口要求。

一個方法是引用團隊譬喻。你可以說：「我們是個團隊，也就是說我們會爲彼此付出，就算那不是很有趣。」

我臉書群組的一位媽媽說她這樣告訴兒子：「我知道跟我去銀行不好玩，但這樣我就不用再跑一趟。我很感謝你幫我省下這個麻煩。回家時我們可用多出來的時間去滑板公園，那會很好玩。」這樣既不會讓孩子心生虧欠，也營造出合作氛圍。

不能逾越的尺度

所以，是的，孩子只顧自己完全正常。但你又怎麼知道孩子的自我中心過分到了失敗程度？就我看，答案在這個原則：青少年可以也應該全心探索自己將成爲什麼樣的人，前提是，不能故意且反覆地傷害到他人。

我再把這個信條簡化成青少年版的希波克拉底誓詞：「首要之務，不可傷人。」而青少年隨時都在傷害自己、傷害我們，並且互相傷害。我內在的作者要我進一步澄清「傷害」這個詞，因此我加上「故意」、「反覆」這種律師語言，讓它更加具體。

完全不傷害他人是不可能的，尤其痛苦很主觀，讓這人受傷的，可能另一個人根本沒感覺。多留意同住的人受傷的時機和原因，就能察覺他們的需求。我並不期待孩子能很快做到這點，雖說較大的孩子接近離巢前，似乎頗清楚什麼會讓爸媽開心、失望或受傷。

以我家而言，我先生能坦然承受負面回饋，毫不在意，而我只要嗅到一絲不贊同就會落淚。另一方面，我能處理讓他皺眉的艱難對話。他能長時間舉起讓我癱瘓的槓鈴，我能維持一個瑜伽姿勢，而他早就垮掉且喃喃詛咒。如果清晨三點電話響起，不管是孩子需要搭車或在異國的同事有急事相求，他都能完全清醒，馬上能夠行動。而我若沒睡足九小時，骨頭深處就覺得疼，對你不會有半點用處。我們對生活中的不快或痛苦，感受及回應都完全相反，所以孩子造成的傷害也都不在同個時候。讓他難過的事，我連感覺都沒有，反之亦然。

孩子完全不傷害我們，這種期待根本不切實際，還很殘酷。任何關係都可能帶來傷痛，親子關係也不例外。重點是，讓你傷心過後，他們能否調整；如果不行，這可能就是無法關懷他人的失敗情況。

要進一步檢視一個孩子如何從這類失敗中成長，我們來看圍堵、解決、前進策略怎樣幫助這個家庭。之後，我將答覆相關的常見問題。

［案例4］見見自我中心人

賈柯怎樣沒能關心他人

艾倫的兒子賈柯十六歲，剛上高中。當往來的多數家庭開始聊起孩子們高中的生活，艾倫無法想像賈柯如何在「真實世界」生存。過去兩年來看到兒子愈來愈自我中心，不時挑釁，幾乎總要「搶著當頭」，也不管其行徑對家人會造成什麼影響，真是讓艾倫筋疲力竭。

儘管艾倫表示沒什麼情況說得上是賈柯的重大失敗，他卻能指出一串事件，讓他對賈柯的無視他人深感無力。

舉個例，在繼母生日前一天，艾倫問他買了卡片沒，之前艾倫已經提醒多次。賈柯一直說會買，但直到這晚他仍舊沒買。艾倫拿五元給他，並借車給他去藥妝雜貨店買。幾個鐘頭後賈柯回來，艾倫要看卡片，他說：「喔，一定是放在車上。」找了以後並沒有。「我真的買了！」賈柯說：「但我還用自己的錢買了些零食，我一定是留在克里斯家，我去完藥妝雜貨店後有過去待了一下。」

艾倫大為光火，賈柯這樣拖延、不用心、自私，還開他的車跑去朋友家。但如果不自我克制，立即帶兒子去克里斯家，不僅他的五元泡湯，妻子也拿不到生日卡片。還好，卡片真的在那兒，但賈柯似乎完全沒意識到對爸爸造成的麻煩，更別提這一切顯得他對繼母的不用心。崔西從賈柯兩歲就開始照顧他。艾倫覺得賈柯幾乎沒為家人盡心，也不知道家人為他做了多少。

另一件讓艾倫跳腳的事是，某個週六下午，全家人去看賈柯妹妹的足球賽。之後當他們開車回家裡的車道，看見賈柯的兩個朋友正要離開。艾倫雖認得他們，但叫不出名字。他轉身問賈柯知不知道這是怎麼回事，賈柯馬上擺出防衛態度。他的朋友上次來時把外衣留在這裡，賈柯就把鑰匙放在花盆下讓他來取。艾倫很氣賈柯未經允許就把家裡鑰匙給別人，兩人因此大吵，因為賈柯不明白這有什麼好大驚小怪的。

這類自私又不經大腦的時刻不時打亂了生活，其間因艾倫認為賈柯不必要的挑釁又多有小小爭執。當艾倫要賈柯把髒鞋脫在前門，賈柯不脫，而是爭辯多髒叫做髒。當他超過宵禁時間回來，又辯說是因為什麼緣故、他爸爸的思想應該更為開放等等。每回艾倫想談某個問題，無論是用說的、用吼的或是施以處罰，似乎都沒用。

艾倫說，賈柯的行徑讓他擔心有一天兩人會嚴重大吵，或彼此再也不講話。他說他很愛賈柯，不希望有那麼一天，只是他看不到賈柯會以尊重、體貼待他之時。「我希望就那麼一次，當我採買回來或換燈泡時，他會想說：『喔，爸可能需要幫忙。』但他的腦袋裡只有什麼好玩和什麼最輕鬆。」

親友及老師都說賈柯很好相處，艾倫知道問題出在家裡，一方面他為賈柯在外表現良好感到安慰，另一方面卻也感到自己受到不公對待。

中學以前，賈柯跟艾倫親近多了，兩人都喜愛運動、美食和科幻片。艾倫不覺得這些能再拉近父子關係。賈柯只在願意時才跟爸爸相處，而且多半另有所圖。艾倫能讓賈柯看到他的行徑讓兩人疏遠並造成傷害嗎？還是他該置之不理，暫時放棄天倫之樂，別那麼努力想教兒子為他人著想，希望過些年賈柯比較成熟時，事情會好轉？

艾倫要設法控制的問題是，賈柯顯然不會先考慮別人。首先，若能在沒有威脅感、彼此合作的氣氛下交談，對雙方都有好處。

⓲ 圍堵

控制敘事

一般來說，及早溝通的目的是阻止謠言氾濫，或是尋求近親好友的支援以保護孩子的安全。就此案例來看，並沒有出現危機，而是需要解決的一種趨勢，所以艾倫此際要找的只有兒子。

艾倫最先要告訴賈柯的主要訊息包括讓他知道必須做些改變，並說明原因。艾倫可用「我」開頭的陳述，這樣賈柯比較不會產生戒心。「你」開頭的句子常會讓青少年戒備，像是「你得開始修正你在家裡的態度」。艾倫可以用「我」開頭，例如：「我覺得我們可以做些事情來改善彼此的溝通，我也不至於因為某些最後爆開的事情那麼生氣。」

此外，時機和語調都是關鍵。艾倫應該先跟賈柯約好時間，以免讓兒子猝不及防。他也要將此包裝成一個解決問題的機會，而非要指控賈柯的性格。

舉個例，艾倫可以說：「嘿，我想跟你談談。不急，但我也不希望拖得太久。可以明天晚餐後你陪我去遛狗，或是週六下午我帶你外出吃午餐，由你決定。」

賈柯可能會感到緊張，當下要求艾倫多做些說明，但艾倫可以爭取多一點時間，說他也還沒想清楚要說什麼，但想先定下時間。如果賈柯問：「我有麻煩嗎？」艾倫可以說沒有，他沒有麻煩，但艾倫發現有些事情需要調整，他想看看雙方各自能做什麼改變。

讓賈柯尋思而非擔心，會是讓他有良好心態進入討論的契機，而非抱著防禦心前來。另一方面，如果那場對話令人畏懼，那麼讓賈柯一直憂慮會很殘忍。

肯定孩子

緊張的人不會是好聽眾。如果艾倫能事先肯定賈柯（即便他此時看兒子還不甚順眼），可以爲下一個解決階段的對話設下良好基礎。這當中只要把握機會稱讚賈柯（「謝謝你依我的要求餵了狗」，或「我留意到你跟妹妹一起看卡通，我相信她很高興」），就是爲豐富的對話種下種子。要讓賈柯感到被肯定，而非擔憂。可以這麼說：「我很高興你把週六午餐時間留給我。能跟你有這時間相處，眞棒。你想想要去哪兒吃，再告訴我。」

解決

採取行動

促進連結

艾倫擔心的是賈柯是個混蛋，而且一直會是個混蛋。但這樣看待他，並不會讓賈柯想要做出調整。

作為父母最難的事情之一就是拋開憂慮，期待事態好轉。善待不知好歹的傢伙簡直不可思議，如果他們以為可以繼續招搖張狂呢？但情況並非如此。總的來說，人會根據期望來表現。

泰德・沃區（Ted Walch）是洛杉磯一位指導戲劇、電影研究與哲學有五十年資歷的老師，他在接受《今日秀》（*The Today Show*）訪談時說：「我對學生只做一件事：把他們當成年人，儘管他們不是。我非常尊重他們的想法，儘管那些想法很平常。我讓他們知道他們很安全。」

沃區說：「有個學生形容得比我好。他說：『你讓我發現自我。你以禮相待，視我為你希望我成為的那個人。』」

我同意艾倫，賈柯的行徑已令人無法接受，需要做出改變，但我也希望艾倫做出調整，對賈柯的整體反應按下「重設」，以沃區爲指引。父母及師長有需要在必要時給予孩子回饋和指點，但必須清楚地把人與事分開。賈柯沒能表現出關懷他人，但他不是敗類。他的某些行爲不可接受，但他本人很可愛。如果艾倫在對話時能明確告知賈柯這點，就能在事態惡化前及時化解。

大吼或處罰的問題在於，這只會讓青少年高築防禦工事。作爲大人，艾倫必須放下成見，讓賈柯知道他希望彼此的關係更好。不必把問題定義成「賈柯是個混蛋」。問題是，父子之間似乎欠缺彼此尊重與支持。賈柯或許沒表現出在意他人，但如果艾倫不先找出辦法修復兩人的關係，可能使局面變得更糟，讓賈柯覺得被家人排斥，而他也排斥家人。

定義後果

艾倫指出問題和他的解決想法後，也可提出後果。賈柯需要能安心地開始調整，而不是以爲他能繼續唯我獨尊。首先，艾倫要訂出合理的期望，然後告訴賈柯如果沒達標會怎樣。

對照第二章所提傑內普的成長階段，賈柯似乎卡在階段一：脫離所屬群體。他還沒進入階段二：受考驗時期。賈柯需要經歷考驗，從中學習，變成更好的自己後再重新加入社群。以他來說，社群就是他的家庭。

大吼，不是對青少年的考驗。他們很能置之不理，或是把箭射回我們身上。他們做出危險之事，禁足有其功效，但卻不怎麼能使他們深思。若某些特權跟問題有關，拿走可能有效，像是濫用手機就予以沒收。但這些處分並非是能讓賈柯開始爲人著想的眞正考驗。

多數時候，父母不需要刻意幫孩子「轉大人」。生命本身自有安排。話雖如此，在這個例子，我認爲艾倫可以站出來，因爲賈柯這個問題已經影響到家庭和樂。

一個眞正的考驗可以像這樣：

1. 艾倫用「我」開頭的陳述句說明他眼中賈柯的自私行爲。「當……時，我感到被利用。」「如果你……，我會更願意配合。」
2. 艾倫邀請賈柯如法泡製，兩人各自表述如何能改進在家的表現和彼此的關係。也許賈柯希望艾倫在發火前能先把事情講清楚。也許賈柯在自認可以之前應先獲得允許。
3. 艾倫提出讓賈柯爭取他期待的東西（像是自由或獨立）。通過這番考驗後，他即可獲得特權。

4. 沒通過考驗，之後可以再做嘗試。

5. 我聽到了……那考驗是什麼？什麼都可以。但既然艾倫明確表示他希望賈柯看到他在忙時能夠伸出援手，我就想到艾倫可以列出他想完成的家事，在接下來的四個週六上午十一點到下午二點，賈柯要跟他一起處理清單事項，從換燈泡到修理壞掉的後院欄杆。賈柯表現好的話可延長兩小時的宵禁時間，否則宵禁就提前兩小時。提醒：艾倫必須明訂什麼叫做優良的學徒表現：必要時需賣力，準時上工，不抱怨，下午二點若手上的工作沒完成就繼續，諸如此類。

這番考驗可朝各種創意方向展開，但要避免觸及情緒勒索的邊緣。例如說要從房間拿走他們全部的東西好讓他們懂得貼心，並不會教他們懂得感恩，只會讓他們在一段時間聽話好拿回東西。這就好像打小孩屁股，只是這小孩比較大。你壓抑許久的緊張獲得紓解，用恐懼或打壓或許換來了聽話，卻不太能促進相互的尊重。

情緒勒索也包括使人內疚或是感受到威脅。爸媽說：「將來你回頭看一定會後悔的；我們將不再親近；有天你會需要我，而那時我已經不在了。」當爸媽說這樣的話時，他們是希望孩子能夠頓悟。期盼中孩子的反應是：「啊！媽媽是對的！我能想像將來我反省自己的行為，感到孤單，後悔自己沒尊重爸媽，擁有他們終生的愛與支持。」

哎喲，把焦點放在當下以及該做什麼上，好改進目前的處境吧。

你能保持堅定嗎？當然！可以直接了當嗎？必須。能夠嚴肅嗎？當然。但你也要公平，記得眼前這個人近來雖像個自我中心的傻蛋，他卻仍是個孩子，你愛他超過自己的生命（記得吧？），並走在生命的脆弱階段。如果這有用的話，就假裝你在給員工做績效評量。用人資總監的口吻傳達所有重要的訊息，並且要不帶羞辱或失望。

最後，別做什麼。壓下帶孩子參觀流浪者之家或醫院的念頭，以為這能讓他們懂得感恩。當志工很棒，尤其和家人一起時。研究顯示，常做志工的青少年比較會善待他人，但我不確定那是否因為想當志工的孩子本來就有這種個性，而不盡然是當志工改變了他們對人的態度。話說回來，當志工應該出於本心，而非藉由觀看他人之苦來教育孩子。

更新溝通

到這個階段，艾倫可擴大溝通範圍，向妻子或其他親友求助。當孩子跟父母拉遠距離時，總顯得好像自己什麼都懂，不需要任何指引，但他們其實仍感謝並需要敬重的大人給予援助。讓關鍵之人知道賈柯在家豎起藩籬，他會感激某個近親好友或教練偶爾提點他要體貼家人及朋友，如此就能確保賈柯獲得即時回饋，長成思考周到的青年。當其他成人用一種成熟方式跟他們談成人的事情時，多數青少年會覺得深受尊重。諷刺的是，若這種訊息來自爸媽，他們則會視爲踩線。

建立你的支撐網

支撐網是讓艾倫能暢所欲言、一吐胸中塊磊之處。當他跟賈柯說話時必須自我克制，賈柯才會聆聽。若是跟幾個知心好友聊，艾倫則可徹底放鬆，插科打諢，抱怨連天，想要時也可爆幾句粗口。

前進

鑑別你的恐懼

恐懼使多數人難以成長，而做爸媽的我們遏止了孩子的成長，因爲我們擔心會出差錯。以艾倫的情況來說，他的恐懼可能是這些：

賈柯能通過當在家學徒的考驗嗎？如果失敗了，我們是否走進了死胡同？

賈柯會拒絕這個挑戰，試都不試嗎？

賈柯不關心他人是本性使然嗎？

賈柯不懂得關心別人是因爲我沒當好父親嗎？

我們之間的緊張會不會演變成哪天誰說或做了什麼，讓彼此關係徹底決裂？

一堆恐懼圍繞著「如果……會怎樣？」打轉。它們代表龐大的未知，而那是令人害怕之境。要鑑別分類，艾倫得專注於當下能著手的，讓自己在接下來的二十四小時只對付一件事，不致陷溺難行。這樣一個小動作，可使他不掉入無法控制的恐懼黑洞中。

從上面列出的恐懼事項中，我會先對付第二點，因爲這是艾倫能馬上採取行動的：賈柯會拒絕這個挑戰，試都不試嗎？

先面對一種恐懼

要克服賈柯不願接近他的恐懼，最好就是先做好計畫，想好自己對這項可能的反應以及後續。艾倫希望藉由相當程度的獎勵，賈柯會願意為家裡付出連續四個週六時間，屆時可得到不只是更晚的宵禁。他可能還能開始理解艾倫對這個家的付出，獲得一些家庭修繕的知識，養成更好的做事態度。那將帶賈柯走過這個成長階段，成為更好的社群分子。但若賈柯對這個提議不滿，艾倫得知道怎麼走下一步。

青少年的思考是出於衝動。他們依賴情緒中樞杏仁核做出快速決定。如果給他們多點時間，他們比較能借助前額葉皮質（推理及批判性思考作用之處）解決問題。我會建議艾倫為賈柯的負面回應做好準備，給他多點時間考慮。他甚至可以直接這麼提議：「我希望你用三天時間決定你要怎麼做。考慮所有面向，三天後我們再談。」接下來這三天，無論艾倫想多說什麼都必須咬緊牙關。艾倫也可以邀賈柯帶回自己的想法。當賈柯愈覺得自己跟艾倫並肩努力，就愈不會覺得自己是問題核心。

捍衛孩子的權利法案

當孩子沒能關懷他人，就很難去想怎樣對他們才好。然而，捍衛孩子的權利並非只是做個好父母，更是爲了避免孩子陷在這個錯誤當中，並且能得到充分的機會成長。這個前提之下，我們來看艾倫能爲賈柯捍衛哪些權利。

獲得無罪推定

艾倫可能很難相信賈柯不會愈來愈難搞，但不妨回顧沃區的學生講的：「你以禮相待，視我爲你希望我成爲的那個人。」這就是無罪推定的核心。重點在期待未來，而非鼓勵不良行爲。青少年在找到自我與融入社群這兩者之間苦苦掙扎。那很難，很令人茫然，卻也非常重要。無罪推定是讓他們不受批判地走好這段路的關鍵。

談判與自我倡權

何必讓一個自私的青少年抗辯你對其無禮行徑的回應？何不就勒令他改善？要求改善沒錯，

如何要求則會造成天地之別：孩子配合；孩子爲了閃開或拿回特權而配合；孩子爲了對你示好而配合。乍看之下，讓賈柯爲自己的權益說話似乎是在鼓勵自私，但實際上那是邀請他步入成年。賈柯很想，卻不知怎麼做。互相協議能讓他練習找到平衡，這是他需要的。

看向全新

一段關係要能快樂，你需把焦點放在好的地方，即便那有時很難。我來分享最近一則例子。昨晚我先生和我叫了泰國菜。他喜歡加點醬油，而我喜歡柚子醬。今天早餐後我在收拾時，發現醬油瓶仍在流理台上，我一邊把它放回冰箱、心裡一邊嘀咕：「他怎麼就不會把東西放回原處？」

看見家人惹人煩心之處太容易了，
就像看不見自己的壞習慣那麼容易。
要把眼目從不愉快之處轉向令人開心的地方，
真的要花費很多心力。

我擦擦弄弄一番，正要離開時，發現柚子醬就在水槽邊。罵我吧！

換言之，看見家人惹人煩心之處太容易了，就像看不見自己的壞習慣那麼容易。要把眼目從不愉快之處轉向令人開心的地方，眞的要花費很多心力。

就艾倫來說，他得停止一再想著賈柯不爲人著想的各種情形，尤其這幾乎已成爲他的反射本能。然後若一切順利，他也許能開始享受跟賈柯共事的那些週六時光，最終得以讓賈柯進展到下個發展階段、延長宵禁時間等等。那將帶來新的問題，但此刻兩人要找到共同克服問題的途徑，就該視每個問題爲獨一無二的挑戰，而非老毛病再犯。要讓賈柯超越此失敗，就不能一再的提醒這個毛病。

相關常見問題之快問快答

Q 我十五歲的女兒老是沒問過就「借用」我的東西，我一直得到她房裡翻箱倒櫃地找一件襯衫、梳子或某本書。通常當有什麼東西不見了，那準是在她房間深處。每次看我找得那麼累，她雖一臉抱歉，卻依然故我。我要怎麼教她要像對自己東西那般對待我的東西呢？

A 如果她房間眞是像垃圾堆似的失物招領處，你的問題可能沒太大意義。我是說，你是眞的希望她以對待自己東西的態度來對待你的，還是事實上她已經這麼做了，把你的東西和她的隨便扔在某個雜亂無章的角落？對於借用與愛惜，你要有更明確的規則與期待。先問你自己，你是否曾沒問過她就拿走她的東西？許多父母認爲孩子的東西也是他們的，因爲是他們付的錢。如果你也屬於此列，就可能送出公共財的混淆訊息。再來，訂出哪些是她可以自行取用的東西。也許有些東西你們一直共同使用，是毋須特別規定的，例如書籍，但衣服不行。全看你。至於其他東西，你不能只是說：「嘿，請把這件毛衣當成你自己的一樣對待」，而你知道她會把她自己的毛衣留在朋友家好幾個禮拜，或是扔在她房間一堆運動衣下面。出借東西給她時，想好你在意什麼並且明確地告訴她。然後（這很重要）在問題出現之前，讓她知道不遵守規則會有什麼後果。當她借走一件毛衣，她要知道如果造成髒汙，她得負責乾洗費用，或是你認爲合理的任何責任。在我聽來，你女兒只是搞不清楚家中界線，所以你要重新劃清，這樣她才能達到你的期望。

Q **我兒子跟他朋友是七年級生，他們之間的垃圾話真是可怕。他們打電玩的時候我有聽到，也看到他們在群組和社群媒體的簡訊。我想他們只是好玩，但有時我不知道我兒子是否開始以**

為這就是正常的談話方式，貶低他人不僅沒事，還是理所當然。我該介入提醒他這樣不妥，還是讓他自己慢慢理解，而這可能要等他自己被人貶低或謾罵，才會明白這些垃圾話太過分了？

A 無論在線上遊戲或休息時的馬路旁，年輕男生和成年男子都喜歡把垃圾話搬進他們的競爭遊戲中。身為旁觀者（而且相當敏感），我總是被運動員和打電玩者的刻薄對話驚得目瞪口呆。要能出入其間不被人罵，關鍵是知道怎麼放箭，又能輕鬆地接受謾罵。對於七年級生，這個概念可能微妙難解，所以你要介入。毋須阻止他跟朋友喜歡的溝通模式。你可以問他一些問題，甚至以職業運動員和學長為例，這樣他才不會在你提及他的朋友圈時渾身戒備。以下是可作為指引的三種問題：

- 哪種人講垃圾話毫無節制？
- 哪種人不太能接受垃圾話？
- 現實中，哪個名人或你認識的人講垃圾話的本事最強？

在本書的前言中，我提到高夫曼的「印象管理」。當一個人在眾人面前擺姿勢，特別是青少年，那是想得到某種肯定。你不妨這樣看，青少年想用這種虛張聲勢的方式得到觀者的一種印象：贏家，成就者，領頭羊。就我的經驗，垃圾話在五到八年級最盛，上了高中會漸漸平息（儘管我說了，許多成年人在競爭時仍滿口粗話）。要協助兒子適可而止，記得他在家時你是裁判，一旦聽到太過分的你就喊「犯規」。教兒子理解什麼落在垃圾話範圍，使他免於在社交和專業上撞牆。嘲弄或攻擊一個人無以做出改變之事（種族、身分、肢體異常）乃是超出許可，無法被接受。

自我中心的一線希望

多數人隨著年紀增長會自然脫離這項失敗，或是透過家長的教育而改變。賈柯這樣的孩子格外渴望獨立，如果你有類似這樣的孩子，這個階段可能比你預想的崎嶇，卻不代表你們的親子關係、你的教養、孩子個性的失敗。自我中心的一線希望是，這種孩子個性強，常能成爲很好的領袖，因爲他們堅決又自信。你的做法要有彈性，目標要堅定，這樣能讓孩子擁有獨立，同時也沒忘記相對的責任。能在收受之間鍛鍊身心的孩子，將能順利邁向成人。

10

不懂得與同儕相處：

孤狼

起伏不定的友誼

我七年級最好的朋友是從小學就開始交往的。海瑟很有趣又外向，我覺得她還很有腦筋，不過我爸媽卻覺得她太有心機。

除了第二章提及的帶我認識了波伊頓，海瑟還教我怎樣不用貼郵票而寄信給在夏令營的她——只要把她的姓名、地址寫在寄信人位置，我的則寫在收信人那裡，這樣我們就能省下二十美分郵資，外帶擊敗體制的快感，只是得多等兩個星期，等信件因沒貼郵票遭到退回。如果問我們倆，我們會說付郵資的大人眞是有夠蠢。

我們一起探索世界，從橡皮泥黏土到《我們的日子》（*Days of Our Lives*）肥皂劇，我們以一種小孩到青少年間輕鬆自信的方式晃蕩。七年級後不久，我們跟新轉來的蕾秋成爲朋友，於是我們成了三人行……直到她們逐漸不找我。

老掉牙的故事。我發現自己成了一個人。

身爲孩子，被朋友圈排除在外讓我整個陷入自我懷疑當中。身爲大人，尤其是幫助孩子和父母度過青春期初期的大人，我明白被朋友排斥並不代表我身爲朋友的價值，況且這種經歷到處都是——即使當時我自認是唯一被放逐的七年級生。

多數青少年都不時體驗過孤狼的感受。即便那種身邊簇擁著一群人的，如果覺得自己不被理解，仍可能感到孤寂。絕大多數青少年也至少經歷過一次重要友誼的結束：某人想要堅持下去，另一人卻想要往前。這是成長過程正常而必須的部分。實際上，研究顯示，七年級友誼能持續到高中的比例只有1%。青春期之初，是找到新朋友的潮起潮落時期。再度尋到交心好友前，我跟一些女孩略有往來，包括兩個努力跟我交好的女生。如今回頭看，我很後悔自己當時沒有適當回報，但那時我仍承受著被拋棄的痛苦，實在害怕再度受傷。一直要到高一春天，我才再度與人建立深刻的友誼。

目睹孩子的友誼終結並不容易，尤其當你跟對方或其家長關係很好，但也不必因此就感到驚慌或決定干預。給孩子空間來了解自己將成爲什麼樣的人、將來想跟什麼人來往，這些問題自然會得到解決，就像我的狀況。

我分享這段經驗，是因爲我不希望你擔憂孩子失去朋友。如果你的孩子在青春期從未經歷過孤單，那才奇怪。

話說回來，若孩子不斷出現無法建立交情或無此興趣，父母就該注意了。當孩子在朋友圈裡一直覺得受委屈，或不斷（而非痛苦的一年）處於社交邊緣，感到孤單時無人可談，適時介入就能幫忙。可以提供社交指點或讓孩子加入社交技巧團體、做一對一諮詢、測試自閉症類群，或者改變環境，像是轉學、換隊，讓孩子重新出發。

要進一步看孩子如何從這樣的挫敗中成長，我們來看圍堵、解決、前進策略如何幫助一個家庭。之後，我會答覆一些相關的常見問題。

[案例5] **見見孤狼**

艾娃怎樣不懂得與同儕相處

艾德溫和芭芭拉的女兒艾娃，小學就有一群好友。她們同是麻州一個小鎮的曲棍球隊，艾德溫是教練。孩子的父母們時常相聚，孩子四處奔跑，父母則小酌閒聊。艾娃總是設計尋寶活動等遊戲的靈魂人物。

六年級前的暑假，艾娃堅決不肯參加一向由爸媽主辦的國慶聚會。更尷尬的是，聚會地點就在艾娃家。經過幾番商量、利誘及請求無效之後，芭芭拉只好跟賓客們說艾娃身體不適，艾娃則整個下午都躲在房裡。

發生了什麼事？有人傷害了她嗎？艾娃的爸媽想知道答案，但她只說什麼事都沒有，她就是不想再跟那些女生來往，而且她想去念別所中學。驚愕之餘，艾德溫與芭芭拉也覺得困擾，因為他們得重新研究學校，而非直接讓艾娃進他們熟悉的、姊姊之前念的學校。儘管爸媽一再詢問，艾娃堅不透露理由，就是堅持要換學校。

爸媽可以逼她就範，但見她那麼堅決且哀傷，於是他們同意照她的意思辦。那個秋天，艾娃進了鄰鎮的一所私立中學。有別於傳統公立學校的地域性，這所學校的學生來自不同地方，很多方面也更具多樣性。芭芭拉與艾德溫希望這是嶄新的開始，面對這麼多潛在的新朋友，只盼艾娃能回復到喜歡交際的往常。很遺憾的，儘管她偶爾會跟父母提起同學，卻從不在上學之外跟他們往來。她父母說她愈來愈不快樂，不像過去的她了。她整個中學時期似乎沒跟同儕交往，到了八年級，她說要去完全沒有熟人的高中就讀。

芭芭拉有時會拿起艾娃的舊照，想著那個活潑愛鬧的可愛女兒到哪兒去了。一所全是新面孔的高中會是嶄新的開始，還是一切照舊？艾娃就這樣換了一個人，一輩子獨來獨往嗎？

圍堵

搜集真相

我鼓勵家長在挫敗之初的圍堵階段，搜集資訊以了解問題的程度，也許也要探究原因或此前是否發生過類似狀況，好能決定該如何因應。

這個狀況則不同。孩子脫離朋友圈，不管是像艾娃這樣主動，或者孩子是被動為之的，都要謹慎因應。孩子受到排斥，你或許很想從其他家長那裡了解狀況。情況可能如下：

你的孩子自認跟某人或一群朋友很親近，但他們並沒有把他當成是一夥的。家長們都不想解釋他們的孩子為何不想跟你的孩子在一起。有人的某些地方就是讓大家看不順眼。我們希望小孩跟他們喜歡的朋友一起成長，但那並不實際。向其他家長追問原因，則會讓他們頗為尷尬。

「安，老實說，羅傑就是覺得伊森缺乏運動精神，這讓他很不舒服。」你聽了要怎麼辦？就……讓伊森培養運動精神？可以的話，你不早就做了？或者更可能對方家長敷衍了事。「哎呀，對，我想他們近來沒走得那麼近，但我知道羅傑覺得伊森很棒。可能他忙著棒球什麼的……羅傑最近眞的很迷棒球。總之，得去練球了！」

當然，大人之間很少有這樣的情誼，能讓你直問孩子們爲何不再往來，大家就覺得青少年的友誼會變，也很難公正的談論究竟。但老實說，即便得到答案，你又能怎樣？當你把你得來的情報告訴孩子，他們會如何？「親愛的，別擔心，我找到原因了：顯然就是你惹人厭。我知道這令人難過，但如果你能改善，就能找到更好的朋友。」

當孩子的友誼破裂，最好就用你朋友經歷情傷的方式來對待。給予他們溫暖及支持就好，別插手。別說那個人的壞話，說不定他們會再度和好。多聽少講。

雖然我建議你要謹愼行事，但像艾娃這種情形，我會贊成你搜集眞相，但仍要非常小心。艾娃息交絕遊，顯得沮喪，也許她朋友的父母從孩子口中略知她心理健康的狀況。不是要你去探詢友誼爲何斷裂，而是你可以問是否有人知道艾娃有此轉變。不是要你去責怪誰或逼問哪個孩子，你只是問問哪個親近的家長是否聽到有關艾娃値得注意的事情。

減少孩子的對外接觸

有些狀況必須立即採取行動，有些則得機警觀望，看事態如何演變。艾娃的父母擔心女兒個性及情緒上的轉變，卻無法具體指出有什麼行爲引發安全疑慮。他們只能陷於無奈，期盼重見艾娃原有的個性，就好像她只是去度了個長假。他們的即時反應是，相信艾娃能爲自己發聲，於是答應讓她轉學。

儘管獨來獨往也退出了球隊，艾娃的成績依然優異。她只是有別於以往並保持距離，讓爸媽難以承受。他們盡其所能地拓展她的人際圈與歷練，希望她能快樂一點。所以就此案例而言，艾娃是自己減少對外接觸，父母則是試著儘量把外界引到她的面前。

肯定孩子

除了答應轉學，芭芭拉說另一個肯定艾娃的重要做法是，從不逼她看諮商師。當我在訪談時問芭芭拉可曾考慮過諮商師能幫忙，她說實際上艾德溫曾多次這麼建議，但艾娃堅決不肯。

有關艾娃，一個重要背景是，她的姊姊一直有心理健康方面的問題，芭芭拉說那占去了他們做爸媽的很多的精力。兩人覺得艾娃不肯看諮商師，也是因爲多年來見姊姊歷經諮商卻不見成效，自己還一直得當姊姊的「出氣筒」（這是芭芭拉的說法），長期下來，她只盼能跟姊姊保持距離。於是，儘管夫妻倆深信諮商的療癒價值，他們仍讓艾娃自行決定，也將之歸於他們能與她保持良好關係的原因。

整體而言，我非常相信諮商，但我知道逼孩子做諮商只有反效果，除非孩子可能自殘或傷害他人，或是有病覺缺失症（anosognosia）這種神經系統狀況，無法察覺自己的精神狀態。若非上述情形，父母可用下列方法溫和地敦促孩子嘗試做諮商：

- 讓孩子握有選擇諮商師的主權。
- 列出他們希望的先決條件（要有趣、不要老生常談、不要擺架子、必須聰明等等）。
- 除非孩子已滿十八歲，法律上，他們的諮商內容對家長非屬機密，但爲了鼓勵他們嘗試，你可事先同意保密，這意味著你絕不過問談話內容。
- 讓孩子知道由他們來「僱用」對象，他們可經多次面談後再決定最適者。多數諮商師會提供十五分鐘的會晤，換言之，孩子事前不用花太多時間，卻足以了解諮商師的性格。

- 如果孩子希望，可事先以電子郵件把問題寄過去，這樣孩子也會較有心理準備。
- 把諮商師等同於小兒科醫師、牙醫或一般醫師，是保健很正常且必要的一環。
- 將諮商正常化，可以請孩子尊敬的人分享其諮商經驗。
- 若孩子有上社群媒體，可以跟他們分享鼓勵心理保健的網站。搜尋「普及諮商的ＩＧ帳號」可得到廣泛結果，然後可依據孩子的狀況或興趣（運動員、黑人女孩、青少年、焦慮的孩子……愈細愈好）加以過濾。

控制敘事

因為艾娃的朋友都認為大家會念同一所中學，所以初步的溝通就是告訴（艾娃的及爸媽的）親近朋友，艾娃決定做個轉換。夫妻倆強調新學校的音樂課程，而不談艾娃其實是想更換朋友圈。某個朋友問及地方上的公立學校對艾娃而言是否「不夠好」，多數人則都表示會想念她。畢竟，艾娃的狀況不像某些挫敗那麼嚴重，用「想做轉換」來說明轉學原因便已足夠。

艾娃的父母盡其所能地在此時給女兒支持、肯定與保護。摸不清是什麼困擾著年輕孩子，總是會讓父母沮喪，尤其看他們的朋友關係都受到了影響。但除了儘量支持他們、在家對此事不予評論，有時父母就只能靜靜地等待。

解決

採取行動

芭芭拉和艾德溫知道這個問題並不需要積極的措施。艾娃沒做任何錯事。逼她跟舊友往來或繼續打曲棍球，只會引發不滿。他們只盼知道那個快樂活潑的女兒去哪兒了，或者至少知道忽然消失不見的原因。就這個家庭而言，解方在於促進連結與重新排序。

促進連結

連結是夫妻所盼，卻是艾娃所拒，所以芭芭拉和艾德溫必須保持彈性並降低期望。艾德溫明白要艾娃跟他去溜冰場絕非上策，起初這讓他十分傷心，因爲那曾是父女倆的特別時刻。他沒有試圖說服艾娃重新愛上曲棍球，而是當她在客廳看《辦公室瘋雲》（*The Office*）時，問說能否跟她一起觀看這部舊影集。這不是艾德溫期待的休閒方式，但他選擇接近艾娃，而非強迫她照他的希望走。

重訂優先順序

艾娃的父母也決定在她中學期間重新排列家中事項的優先順序。艾娃的姊姊仍然需要相當的照護心力，而兩人也明白有必要讓姊妹保持一定距離。芭芭拉說，她不再把家想成四位一體，一直努力維持和平，而是開始嘗試與女兒各自展開一對一關係。

隨著艾娃感覺自我嶄露，脫離姊姊的陰影，能不受同儕影響地探索感受，她開始向母親坦露究竟：艾娃意識到自己是雙性戀。退出朋友圈，在新的環境看見自己，都是讓她認識自己的有效途徑。

一個重點是：如果你是從此頁讀起，請你回頭查閱第一章，了解失敗的定義與各個故事的說明。艾娃或者任何人的性取向絕非是失敗。我認爲有關性取向或性別的唯一失敗，是當大人未能認同孩子的身分時。我把艾娃的故事納入此書，是想說明有時某個階段感覺像是失敗，實際上卻是可貴的自我探索。

多數青少年都度過孤立及探索時期，這是孩子了解自己在世界上存在意義的主要方式：窩在房間裡專注於自己所思；向外探究如何脫離原生家庭以邁向獨立。

艾娃在步入青春期時就把自己孤立於群體之外，以面對各種變化，我稱之爲「中學建設方案」。就在這個階段，孩子開始打造成爲大人的三個基本要素：成人的身軀，成人的大腦，成人的身分。對青少年而言，這段時期混亂不堪，因爲它變化不斷。發現自己是LGBTQ+的孩子，可能又會害怕自己將不受歡迎，遭受誤解，安全存疑，受到排斥。值得慶幸的是，整個社會有了可觀的進步，年輕人又比成年人更能理解性別認同等議題。但我們知道這些孩子仍面臨著許多歧視與仇恨，包括同儕、大人、立法者、權威人士等，在一切充滿不確定的年紀，這實在困難重重。

有時某個階段感覺像是失敗，
實際上卻是可貴的自我探索。

艾娃在八年級時向媽媽出櫃。芭芭拉說她很吃驚，但她摟著艾娃讓她知道一切如常。艾娃又等了一年才告訴爸爸。小學時期父女非常親密。艾德溫也向艾娃保證，他對她的愛絲毫不變。後來他向芭芭拉表達不解，怎麼有人會是雙性戀。芭芭拉覺得如果艾娃說她是同性戀，他可能比較容易接受，因爲他的個性非黑即白。可能也是察覺到這樣，艾娃等了比較久才告訴爸爸實情，但我也不是很確定。值得一提的是，二〇一三年，皮尤研究中心的一項研究指出，雙性戀「對生命中重要之人『出櫃』的比例，顯著少於同性戀者」。

艾娃向父母坦承之後，似乎又恢復了開朗。她開始兼差，課餘也跟朋友出去，父母對此開心不已。

更新溝通

儘管艾娃告訴了爸媽，卻不代表她已做好讓其他親友知情的準備。性別專家認爲，在當事人尚未準備好之前讓他們出櫃，會造成嚴重的身心問題與安全顧慮。因此，即便芭芭拉與艾德溫可能很想告訴朋友（無論是表示對女兒的支持或是解釋女兒這段期間消失的原因），但是就如我經常說的，這畢竟不是他們自己的故事。

對外溝通雖非必要，不過芭芭拉有對艾娃表示，當她準備好時會幫忙與親友溝通。親友紛紛關切是否有男/女朋友、對學校舞會興不興奮，常令青少年不堪負荷。芭芭拉說，艾娃知道屆時媽媽會幫她應付某些親戚的白目問題。

建立你的支撐網

一個可靠支撐網的好處在於，它很低調。艾娃的父母不公開女兒狀況，但可從網路或社群找到許多給LGBTQ+家長的支援。實際上，我認爲所有父母都該充分了解性別認同議題，即便孩子認爲自己是異性戀。有很多不錯的團體、書籍與網站，包括PFLAG.org和Identiversity.org。

前進

給孩子消化的時間與空間

太多原因造成青少年與同儕產生距離，到這章結束前我會繼續討論。而無論是什麼因素，請記住：失去朋友可能導致失落感，甚至悲傷。你可能以爲當孩子開始結交朋友或顯得比較開朗時，問題就已成過去。大致上可能如此，但悲傷、難堪、脆弱仍會驀然突襲。

以艾娃來說，在向父母而後親友出櫃前，她默默地處理自我的轉變。出櫃了，不意味著已經處理完畢。LGBTQ+孩子可能要歷經幾個階段，向不同的人出櫃，父母無須訝異，給他們充分的時間及空間，探索這對他們社交圈的影響。

鑑別你的恐懼

孩子排斥他人也好，被排斥也好，或是不跟同儕往來，都會引起父母一長串的憂慮。艾娃封閉自我時，芭芭拉的心頭浮現這類陰影：

艾娃感到孤單和受傷嗎？

孤單會導致鬱悶嗎？如何判斷艾娃是否在受苦？

我的孩子是個壞朋友嗎？

艾娃無法交朋友，我是不是有責任？

艾娃遠離了朋友，我也將失去其他父母的友誼嗎？

是不是發生了什麼可怕的事，大家卻不告訴我？

多數時候，青少年的社交生活籠罩在神祕之中，當他們設法解決社交衝突時，更是如此。芭芭拉恐怕無法得知艾娃忽然自閉的原因，也就不難想見她的憂慮叢生，讓她擔心這份孤單對艾娃的身心會造成什麼問題。

在她靜觀其變時，也應思考哪些憂慮可以在二十四小時內著手解決。如果全都很難，就像上列清單乍看是如此，那麼可以選擇其中一項展開一小步作爲開始。

先面對一項恐懼

我建議芭芭拉立即對付的是，孩子的孤單將超出她所能應付，並且她也不知道艾娃承受了多少苦。這不是二十四小時內可以解決的，但她可以從兩件事做起。

首先，艾娃向她敞開自己的性取向，而她能相信艾娃信賴媽媽。有了這份信心，她就能邀艾娃傾談，以了解女兒孤寂的程度。實際情形可能比她擔心的要好。如果艾娃覺得孤單，芭芭拉可以先謝謝她的坦白，然後建議兩人一起設想能幫助艾娃克服的方法。若艾娃並不感到孤單，也不在意少些朋友，芭芭拉就知道自己不用太操心。

第二，芭芭拉可以告訴艾娃隨時能找媽媽分享心情。要讓艾娃相信媽媽一直會是可靠的傾吐對象，那麼艾娃會希望知道媽媽(1)能專注聆聽，(2)不會說要解決任何問題，除非艾娃開口，(3)不會批判艾娃或任何相關的人。

捍衛孩子的權利法案

選擇自己的朋友，與同儕相處

芭芭拉和艾德溫也許很擔心，希望艾娃能趕快交到一堆新朋友，但艾娃有權依自己的步調決定跟誰往來。如果兩人表現得雲淡風輕，或許有機會促成艾娃去接觸一些人，但那眞的需要技巧和藝術，才不致顯得你爲了孩子而太刻意。當父母公然這樣做，有可能讓孩子及孩子的同儕覺得他無法自己交朋友。艾娃有權選擇自己的朋友，以及（或）選擇暫時不作選擇。

尋求獨立，不被照護者榨取個人、情感、財務上的利益

孩子跟朋友停止往來，家長難免會擔心。而當雙方父母也是朋友時，情況變得更加複雜，因

爲不知怎麼繼續交往才合適。此時，務必要把大人的友誼跟孩子之間的狀況分開。除非是某個孩子刻意傷害另一個孩子，否則家長們毋須跟孩子之間的斷交扯上關係。家長們更不該爲了大人之間的情誼強迫孩子們繼續互動，也不該期待孩子去跟他們不喜歡的孩子往來。

艾娃有權不再與昔日朋友交往，即便這會讓父母在社交上感到尷尬。父母有權要艾娃展現一定的禮儀，包括對碰巧遇到的老友打個招呼。此外，怎麼跟大人朋友往來是父母自己的問題，不是孩子的。

孩子不需爲了讓父母的日子好過些而得跟誰交朋友。

就任何議題從各種角度及來源汲取正確資訊

你的孩子將把他們對自己的發現以及他們的世界帶到你面前。地球暖化令人擔憂，校園槍擊亦然。代名詞成了潮流，同性戀饒舌歌手亦然。你喜愛的那個喜劇演員被公認厭女。那則評論是對身體的羞辱。你傳簡訊給我用標點符號很怪。你傳簡訊給我很怪耶。

這些對你可能都很新奇，有些小到不足以回應，有些則大到不知從何開始。需要喘息空間嗎？鼓勵孩子教你他們所知，告訴你他們是怎麼曉得這些的。讀他們的文章，看他們看的抖音或

YouTube，問他們何以那些重要、何以那些來源可靠。提醒自己你以前認爲重要卻被你爸媽嗤之以鼻的事情，承認自己不可能回答孩子的所有問題。有太多新事物了，所以要能維護孩子從別處學習的權利，並確保別處夠廣泛，而不只是一個小圈圈（你的或某個網紅的）。

艾娃有權從可靠來源獲得她急切想了解的性取向知識，無論是從實體世界或是網路。芭芭拉與艾德溫可以買甚受雙性戀者推薦的書籍、鼓勵她加入維護及教育雙性戀者的組織，並閱讀相關書籍、加入家長團體，提高大家的認知。

看向全新

到了某個時點，就該宣稱事件已結束，大家繼續往前。如果你不斷逼孩子解釋出了什麼問題，就可能是在「追問傷痛」——由麥可．湯普森博士（Dr. Michael Thompson）的著作《最好的朋友，最糟的敵人》（*Best Friends, Worst Enemies*）走紅的名詞。如果不希望孩子深陷難過當中，就別老是提起問題面，而應多關注他們生活中開心之處。

至於艾娃，她中學畢業後再度轉學，回到本地的公立高中。雖沒再跟童年的朋友聯絡，卻也有自己的所屬。到新的學校是孩子重新發現自我的大好契機，對告別過往與展開未來頗有幫助。

相關常見問題之快問快答

Q 我看到我剛邁入青春期的孩子有種模式：他們似乎一次只能跟一個朋友往來。問題是，他們很快就感到厭煩，不再往來，然後另找新人，直到再度不耐，這樣的情況反覆發生。我能怎樣教他們維持多個朋友呢？

A 這個難題，我懂的不比你多。在友誼方面，你的孩子不願當亨利八世，而寧可是約瑟夫·史密斯（Joseph Smith）。

友情多偶制，而非友誼謀殺者！（我的幽默感與眾不同）

重點是，如果孩子能學著在朋友間分配時間和心力，而非全神投入在一人身上，厭倦後再斬斷，他就比較不會對某人感到疲乏，朋友也不致被冷落而受傷。這是雙贏。但，可能嗎？

或許。我覺得你應該提出你的觀察，但避免做出批判。你可以這樣說：「我注意到上個月你幾乎都跟約拿在一起，現在我只聽到艾瑞克，你完全沒提約拿了。」只提你看到的狀況，其他的別再多說，孩子就可能做出解釋，而非只講他認爲你想聽的東西。以此切入，你就有機會提出建議。

你看到的這種模式，可能是孩子更大後會消失的短期狀況——缺乏彈性或神經多樣性狀況。多觀察他們生活的其他層面是否也有這種情形，以進一步掌握情況。無論如何，稍微聊聊多交幾個朋友也不錯。說不定你的孩子沒想到這樣很好，或者他們也有同感，只是不知道怎麼做。經過指導或演練，他就可以做到。

Q **我女兒今年轉到一所學校，幾週過去了，她還沒交到朋友。她說大家都已經有朋友圈，沒人想納入新的人。她一直試著找人一起做些什麼，成功機率卻很低。她開始覺得很挫敗。其他孩子為什麼不能友善點呢？**

A 你說她一直找人一起做些什麼，我不知道她是找很多人，還是只針對幾個沒那麼開放的人。除了跟她聊怎麼跟人打交道，也問問她試過誰。還有，要打進一個圈圈不容易，就像你說的，成功機率很低。那麼她能不能試試其他的游離分子，也許能建立一對一的交情？

如果她沒有手機，下面這個建議可能就不管用：她是否有嘗試從線上開始？很多孩子會用科技爲交友打底。事實就是，聊聊大夥兒關注的話題會有所幫助，無論是透過哪個應用程式。

最重要的，我想與其費力交友，找到興趣對她更有幫助。當她找到喜歡的活動，朋友可能就在那裡。她願意嘗試新事物嗎？如果你能鼓勵她參加能激起她興趣的活動，無論是校內、校外、甚至線上，她會更容易交到朋友。

儘管不容易，但這樣去看孩子的孤單會有幫助。而當你沒看到孩子的朋友來來去去，那感覺更加困難和可怕，猶如目睹孩子隱身在自己的內心當中，遠離了朋友及家人。艾娃就是這種情形。

孤狼的一線希望

看著孩子找不到屬於自己的社交圈儘管難受，我們卻知道，許多非常快樂和成功的大人，青春期也走過這種孤單。我自己中學時就曾獨自晃蕩過漫漫兩年，高中才找到兩個終生摯友（嗨，珍娜！嗨，莎拉！）。孤狼的一線希望就是，這樣的孩子往往成了你見過最美麗的大人。我開玩笑的啦。說眞的，他們通常是堅韌且風趣的大人。有些人要比較久才能找到所屬的朋友圈，但這讓他們更懂得珍惜，也更懂得付出。

11

不懂得處理情緒：敏感

處理孩子的情緒前先安頓好自己

在我對一〇四七名家長做的調查中，這是讓他們最爲擔心的項目。這可以理解，因不懂處理自己的情緒聽來好像會導致心理健康的危機、那聽來像是可怕的未知領域、聽來甚至會導致父母最大的夢魘：自殺。二〇一九年，9%的高中生表示有自殺念頭。新冠疫情至今，對美國十四個州做的自殺調查發現，有五個州青少年的自殺率增加了。

我們趕快來討論這個最糟狀況，讓你能知道孩子是否正處於困境中。孩子若覺得自己是個負擔或者自己消失是否比較好，需馬上帶他們給專業人士評估。如果你從他們的簡訊或搜尋紀錄發現結束生命之道，或是他們直接說想自殺，請馬上帶他們去急診。

父母都要能夠察覺孩子有自殺念頭，但就統計上來說，多數孩子不會這麼嚴重。這一章，我們要看看不懂得處理情緒通常會怎樣，父母又能如何鼓勵孩子照顧與理解自己。

首先，我們要釐清心情不好與無法應付不好心情的差異。每個人，青少年尤甚，都有特別過不去、傷心、無聊、煩躁、疲憊、懷疑、敏感的時候，也許幾天，甚至幾週。正常，正常，很正常。感覺不好令人感覺不好，此時聽到「這感覺眞糟」會有幫助，因爲這能激勵我們做點改變，讓自己感覺好些。

喜劇大師亨利．揚曼（Henny Youngman）那堪稱最有名的冷笑話，就頗切中那種感受：

醫生，我這樣做時很難受。

那就別那樣做！

對於我們的所作所爲，我們都會收到意見，不論是來自身體、朋友、老闆、甚至陌生的好事者。當某些意見一直使我們不安，但又無法置之不理，我們就會做出改變。無論誰給的意見都可能令人痛苦，但痛苦跟無法應付不同。

無論是環境或生物的、內在或外在的，有時人就是無法戰勝意見，而得借助某種外力。治療或化學藥物的介入會有幫助。每個孩子都會經歷特別脆弱的時期，但若長期一直過於敏感，沒有走出來的跡象，我建議你透過你的支撐網爲孩子找到最好的專家。

還要注意一點，孩子無法處理自己的情緒，跟你無法處理孩子的情緒，兩者截然不同。我自己就有此經歷，就在今天早晨。

大概兩週前，我家那隻兩歲半的狗兒伯特（牠常提醒我們牠還是小狗，而且是不斷要人付出昂貴代價的小狗）咬了我女兒的新球鞋。我女兒二十一歲，回來家裡幾個禮拜，然後要去念法律。換言之，在很多方面她是個大人了，而且能力不錯。但我看得出來，這個球鞋意外讓她非常沮喪。

家裡目前有一堆狀況，包括我母親忽然過世，大家的情緒都很緊繃。無論如何，狗兒咬壞球鞋，看到女兒的臉垮得像是要哭了，於是我衝口而出：「我再買一雙給你！」甚至沒給她說話的機會。老實說，當下那麼做對我最簡單。你要是在那裡，大概會覺得我太寵女兒。事實上，那根本不是爲了她，我是爲了讓自己好過。當下我只想減少周遭的負面情緒。

如果事情到此爲止也就算了，但今天早上，就是今天早上，當我要寫這一章之前，坐在那兒喝咖啡看新聞，瞥見兒子的全新球鞋被咬了一半，躺在桌底下。伯特在沙發上對著我哈氣，昂貴的雙眼綻放滿滿的愛。

「你昨晚把你的鞋子留在這裡嗎？」我一個字一個字地問兒子。我的胃緊縮，知道自己才立下前例，如果我不照樣那麼急切地幫他買鞋（畢竟前例不遠），這勢必要被列入孩子記錄父母偏心的檔案中，這我沒辦法承受。

你看出來了吧？是我無法處理他們的情緒。

爲了安撫大家，特別是我自己，代價很高。說眞的，買新球鞋的那幾百美元，我眞寧可花在，哎，任何東西上，尤其是讓自己開心的東西。但孩子也付出了代價：我沒讓他們藉此學到克服難過、養成良好習慣，或是爲媽媽付出點關心，畢竟這幾個月讓她有點心力交瘁。

當你看到家中不和，自問此時是誰要扮演敏感角色？孩子有需要你幫他們處理情緒嗎？試著釐清這問題影響你的比例相對於影響孩子的比例，然後再把力氣用在最難過的人身上。

而多數時候，我相信你的孩子比你難過許多。青少年比較欠缺處理複雜情緒的經驗，大腦重建工程又使他們的情緒放大。大人用前額葉皮質評估社交情勢、解決問題、思考批判，青少年的腦子則正重新整修前額葉皮質，把情緒中樞的杏仁核推向主要地位。情緒中樞不斷加班，加上原本的經驗不足，使得處理情緒變得相當艱難，於是我們看到許多孩子都屬於敏感型——他們被設計成這樣。

這一章，我們要看孩子情緒大到自己無法應付時，大人能怎麼做。父母的反應將讓孩子了解：負面情緒是否不好，應全力避免；抑或那只是正常反應，透過支持與練習，就能跟生活的其他面向維持平衡。至於別的醫療問題，請尋求專家意見，爲孩子的心理健康找出最佳做法。本章要探討的是父母的回應方式，而不是孩子特殊的情緒需求。

要進一步探討孩子如何從這類挫敗中成長，我們來看圍堵、解決、前進策略如何協助了一個家庭。之後，我將答覆幾個常見的相關問題。

[案例6] 見見敏感兒

小莉怎樣不懂得處理情緒

小莉是由生母薇爾和薇爾的伴侶卡崔娜撫養，同住的還有卡崔娜的兒子艾文。兩位母親，兩名手足，一個快樂家庭，直到幾個月前，就小莉看來，薇爾和卡崔娜突然分手了。

薇爾說，小莉受到意外打擊，對卡崔娜母子搬離感到傷心。薇爾跟卡崔娜還是住得很近，依然準備時常往來並照顧兩個孩子，但小莉尚未適應，對許多事充滿疑慮。

小莉念的學校都是資優生，從六到十二年級，人數不多，教室都在同一棟建築。不同年級的學生也常來往。小莉七年級尾聲，也是薇爾跟卡崔娜分開時，薇爾注意到小莉一直提起一位名叫黛芙妮的十年級生，兩人是在話劇社排演《蘇斯狂想曲》（*Seussical*）認識的。

一開始，薇爾很高興小莉交了新朋友，讓她轉移了注意力。但當小莉滿口都是黛芙妮，薇爾開始不耐，也開始擔心。從吃什麼到怎麼穿，什麼都是黛芙妮。黛芙妮沒回簡訊，小莉就著急不已。薇爾說，小莉的情緒整個取決於跟黛芙妮之間的互動。小莉甚至開始以黛芙妮的口吻講話，說兩人外表如何相似。「是啊……」，薇爾沒對小莉說出口的是：「因為你在模仿她嘛。」

薇爾希望暑假會是小莉跟黛芙妮分開的自然機會，她覺得一個十年級生也不會想在這期間跟七年級生聯繫。但眼看頭幾個禮拜過去，小莉對戴芙妮的狂熱持續上升，她明白情況不如所願，也擔心的決定窺看小莉的手機，好了解這個女孩對小莉的影響力。

她看到兩個女孩在沒見過的社群媒體往來，戴芙妮在自拍影片裡說她以瀉藥控制體重，抽大麻調節情緒。然後她看到小莉用貼文問戴芙妮：瀉藥該服用多少量？怎麼學抽大麻？她可曾被逮到過？

瀉藥的問題特別引起薇爾注意。她注意到小莉最近吃得很少，常說飯前吃了太多零食，而明明她們兩人都在一起，期間並不見小莉有吃東西。用餐時，小莉常把食物撥到一旁不吃。這是受了戴芙妮的影響嗎？更別説對抽大麻好奇。警訊真的出現了。

是被吸引還是迷戀？

小莉的故事並不獨特。這個暑假，我就從三名家長口中聽説他們的孩子迷上較年長的朋友，於是我聯繫了朋友兼同事，在芝加哥執業的心理學家約翰・道菲博士（Dr. John Duffy），亦是《焦慮時代的青少年教養指南》（*Parenting the New Teen in the Age of Anxiety*）作者。我問他是否在個案中看到更多孩子迷戀上朋友。

絕對是，他說。

道菲博士表示，這不同於被某人吸引或迷住，那都只是暫時的興趣，我們自己年輕時多半也經歷過。「現在程度升高了。青春期的主要挑戰是發展自我意識，那需要時間。我們自己年輕時，有慢慢試水溫（發現自我的）的空間——這樣打扮怎樣、那樣說話如何、開始罵粗話呢？」道菲博士說：「以前我們能慢慢試，而現在的孩子從更小時就得經歷某種（認識自己的）緊張。」

道菲博士說，這種想成爲某人的執念，壓縮了孩子本身的自我發展。「比我們那時早個三、四年吧，他們執意要變成某個名人或身旁很酷的人。」他說，這種念頭抑制了孩子的發展，因爲他們過度偏執，處在一個不適合自己的狀態，容易引起焦慮、憂鬱、迷戀等症狀。

道菲博士還說，對那些較難找到朋友的孩子，社群媒體很容易延緩他們的自我發展。他們可找到大量心理健康資訊，通常是針對某種精神疾患的抖音頻道。舉例來說，一個自認不能融入任何群體，卻對大談憂鬱症、怎樣無法融入大家的抖音客深感認同的孩子，可能會開始看更多有關憂鬱症的影片。不用多久，這孩子的抖音就幾乎都是這類影片，他被不斷洗腦，開始自認是線上憂鬱社群的一員，也可能開始自認有憂鬱症。畢竟，那是身分認同的一大部分，告訴你你是誰、你屬於哪裡。無論這男孩的自我診斷是否正確，現在他相信自己有憂鬱症，要讓他轉念將日益困難。

及早認識精神疾患，是學會如何應付、與之共存的重要關鍵。沒錯，即便抖音的相關內容可能是正確的、甚至能救命，但前提必須是觀者因此去找專家，獲得專業協助來控制住病情。只把自己沉浸在某個虛擬社群中並自我診斷，是相當危險的。

我向道菲博士提出家長可能會有的一些問題，讓他們知道如何面對似乎迷戀朋友、名人、網紅的孩子。以下是他的答覆：

Q 什麼樣的警訊顯示迷戀已不健康？

A 有兩種，彼此剛好相反。一種是當孩子忽然刻意保密，因爲他們知道你並不贊成。另一種是對其執迷非常堅定，有些孩子會採取這種身分來測試父母的反應——我是這個樣子，你們必須接受。父母可能感覺到一股忽然的改變，或是令人不安、不對勁的狀況。但凡是這兩種情形，父母都該相信自己的直覺。

Q 父母怎麼評估是該讓這份迷戀順其自然的消退，還是得出手干預？

A 無法自然消退的迷戀，可能是因爲對方不斷地餵養，對吧？他們給予足夠的關心，讓你想追逐或討好他們。也許他們喜歡受寵的感覺和某種名氣，也許甚至有人格障礙，想操縱他人來滿足自己。當孩子受人操縱，父母便要即刻介入。

Q 父母要如何介入？比方說，當看到迷戀沒有消失，要如何豎起藩籬？尤其若是硬性阻斷聯繫，怕孩子會有激烈反應，像是自殘或逃家？

A 我想區別出一般性的教養以及爲了健康安全的教養。當情況沒這麼極端，你可以靜觀其變。「我發現這個人沒馬上回你簡訊，你好像就悶悶不樂。跟我說說吧。」而若的確有安全顧慮，就要更強硬，直接了當地談。若涉及人身安全，你要表示：「現在我介入了，這是我們的問題，不是你一個人的。」

回到小莉。她那樣虔誠地服從戴芙妮所有不好的建議，薇爾馬上知道必須加以圍堵。我們來看圍堵策略在這裡如何運作。

圍堵

控制敘事

薇爾本能曉得她必須即刻介入，並且也要讓小莉知道。但要怎麼跟小莉說呢？是否該告訴卡崔娜，畢竟小莉跟她依然很親近？是不是該聯絡戴芙妮的母親，說不定她能叫戴芙妮別再接近小莉？

第一步，薇爾儘可能地減少小莉跟戴芙妮接觸，因爲時值暑假，意味著可拿走她的平板電腦，而她就是用這個跟戴芙妮傳簡訊和上社群媒體的。她先告訴小莉她從手機裡發現瀉藥和大麻的事，在她決定下一步之前，她要暫時沒收小莉的手機和平板。這樣一來，她就爭取到多一點時間了。薇爾告訴小莉她並沒有麻煩，這是這個階段的關鍵點，但爲了安全起見，媽媽必須採取這些步驟。

小莉有明瞭這些並平靜地接受嗎？當然沒有。她句句反駁，不斷抗辯，並保證不做戴芙妮所做的任何壞事，只要能讓她們維持友誼，還發誓要讓戴芙妮戒掉那些事，甚至威脅薇爾如果破壞這段情誼，她會恨她一輩子。但因薇爾已發現小莉的飲食習慣令人擔心，她一邊接住女兒的憤怒卻也堅持不退，一邊思考著下一步。

薇爾也決定讓卡崔娜知道，因爲後者十分關心小莉，兩人也在許多方面共同照顧小莉與艾文，儘管她們已不住在同一個屋簷下。最後，她決定不打電話給戴芙妮的媽媽，因爲卡崔娜說那只會讓事情更糟。就卡崔娜看來，戴芙妮的媽媽不會在意小莉的健康，而且她恐怕無力、也沒興趣叫戴芙妮當個好榜樣，或是要她別再接近小莉。現在兩人要努力的，就是讓小莉明白這段迷戀式的友誼爲何不健康。

肯定孩子

基於家中近來的波濤，薇爾花了許多心力強調她和卡崔娜多麼愛小莉，她也說明家裡的這些變化不應迫使小莉迅速長大或做任何改變。

儘管薇爾覺得小莉該知道戴芙妮是不好的影響，卻也明白這樣說會有反效果。沒必要攻擊戴芙妮，因爲這麼做只會換來小莉的抗辯。她不再多想戴芙妮的問題，而是把焦點擺在小莉的優點，以及這段友誼會怎樣傷害到她：她的創造力、熱情、自我意識，還有健康，但薇爾一定會力挺她、幫她到底。

減少孩子的對外接觸

拿走了小莉的科技用品，形成她無事可做的狀態，薇爾得積極找事情來填滿這些空缺。沒有手機和平板，一開始總是很難過，但當孩子的怒氣漸散，開始探索有什麼事情可做，往往就能進入新的常態。薇爾幫小莉報名參加暑期的陶藝班及繪畫課，希望能有效轉移她的心思，不再滿腦子想跟舊朋友聯繫。

解決

採取行動

啓動介入

薇爾最在意的是小莉飲食習慣的改變會是飲食失調的開始，於是她安排小莉與一位專精青少年飲食問題的諮商師會談。

及早介入飲食問題非常重要，若只是靜觀其變則會有危險。當孩子已出現飲食失調，要調整回來的難度很高。別擔心太早插手。如果你對孩子與食物的關係有任何疑慮，不要等，應立即請教這方面的專家。

促進連結

欲協助孩子度過非自願的友誼結束，讓他們與其他人建立關係是一項關鍵。社交支持對所有面臨失去的人都很重要，對於格外需要社交連結的青少年尤其如此。

孩子都不想讓媽媽幫他們換朋友，所以薇爾得堅持下去。即便小莉拒絕她九次邀請，第十次可能就會答應。至於薇爾這邊，則不應將小莉的拒絕放在心上。不斷提出有趣的點子、載她外出、邀朋友來家裡聚會、安排親友活動，小莉終將會了解媽媽的用心，放下怒氣，跟她一起投入。

更新溝通

要解決小莉這個情況，需要跟小莉生命中的重要大人開誠布公。儘管薇爾與卡崔娜已經分手，她仍決定請卡崔娜一起幫助小莉，所以她有必要隨時告知近況。而且當小莉去卡崔娜家，卡崔娜也能幫著繼續執行薇爾對科技用品的規定，尤其是跟戴芙妮的聯繫。另一方面，卡崔娜也能幫忙注意小莉的飲食是否有遵從醫生的交代。

前進

鑑別你的恐懼

面臨這麼緊繃的狀況，薇爾的恐懼大概會有下面這些：

小莉已有飲食失調問題了嗎？

如果是，小莉能恢復嗎？

小莉有碰過毒品嗎？

小莉太容易受到影響嗎？

這件事情過後，小莉能跟朋友培養健康的情誼嗎？

小莉能再度信任媽媽，一起享受彼此的陪伴嗎？

是她跟卡崔娜的分手造成小莉這件事嗎？

薇爾原本能怎麼做，以幫助小莉順利度過兩人的分手？

薇爾很容易被種種問題壓得喘不過氣，因此她一定要保護自己，先挑一、兩件能在接下來二十四小時進行的事，其他的則先暫時擱置。

先面對一種恐懼

薇爾該做的第一件事，肯定是聯繫專家評估小莉的飲食狀況，再來能最快處理的恐懼就是小莉會不會不再信任她。儘管她無法控制小莉對失去新朋友的反應，卻也不必掉頭等風暴過去。做一點規劃，就能有效帶領母女一起走過這場風暴。

接下來的二十四小時，薇爾可以列出要跟小莉談與做的事項，讓她了解這是兩人的共同課題。薇爾可用自己的慣用句才不致結巴，這也能讓語調正面，或許還能避免小莉說媽媽不關心、不愛她等等（你知道，就是孩子傷心、脆弱時會冒出來的那些話）。這或許有點可笑，但事先準備個腳本，可消除艱難場面的懷疑、緊張、焦慮。這裡有些句子或許可以幫忙：

- 我看到你很傷心，而你告訴我這件事的時候，我毫不懷疑。
- 我希望能以安全的方式讓你好過一點。
- 我站在你這邊，儘管你現在不覺得是這樣。我永遠都在。
- 這很難，我也很難過你這麼傷心。我在這裡，我會幫你。
- 如果你恨我、氣我，不要緊。我不會叫你改變心意。我愛你，並且會給你一些空間。

捍衛孩子的權利法案

由於小莉的生活正朝可能長期危及健康的方向走（我主要在想飲食問題），因此許多列在孩子權利法案中的權利暫時不適用於她，要到醫生認爲她已經穩定爲止。在此，這兩項權利讓我格外深思：

- 保有某些隱私
- 選擇自己的朋友，與同儕相處

這不表示小莉就不該擁有任何權利。以下兩點就有助於讓她度過這個處境。

冒險

小莉需要填補戴芙妮留下的空白，若能有機會冒險，對此會很有幫助，但當然不是之前的那種冒險。她喜愛演戲，曾積極參與學校的話劇社，也是在那時認識了戴芙妮。此刻，表演藝術是很好的選項，而那本來就很需要冒險。此外，媽媽也可幫她留意更具冒險性的活動，也許是拍個大頭照、參加校外劇場的試鏡或找經紀人幫她接洽拍廣告。做些讓她緊張、但很開心的事，能占據一些友誼失落形成的煩惱空間。

練習對自己的身體做出明智的決定

此時小莉能否自行做飲食決定還不確定，如果不能，或許可讓她在身體的其他方面擁有做主權，像是讓她再穿個耳洞、換個髮色、在穿著上有更多選擇空間，她才不至覺得一切無可掌控。

看向全新

儘管很擔心小莉的健康，薇爾卻不能只想著飲食問題，更不能只跟小莉談這些。梅麗莎．米勒博士（Dr. Melissa Miller）是一位於北卡羅來納州夏洛特市執業的諮商師，專長是治療飲食失調，她說：「有飲食失調問題時，人滿腦子就只有食物和身體。父母給予機會和鼓勵，讓他們儘量回到生活中，是恢復健康的關鍵。」米勒博士鼓勵家人只在餐桌上談食物，而且即便是那時，也該多聊些其他的日常多於只聊食物。根據米勒博士的說法：「我們要從各方面減少食物的念頭。」

有了飲食支援小組，薇爾就能放下警戒及壓力，轉而享受跟小莉一起做喜歡的事情，或是就小莉的年紀來說更切實的做法：讓小莉去做她喜歡的事，她在旁相陪就好。這樣一來，母女關係就不會一直圍繞在曾有的問題狀況上。

同樣地，當小莉自然而然地再交其他朋友，薇爾不能一直監測那些友誼是否健康。孩子歷經一些有毒的朋友原本就很正常。這次事件也許是發生在小莉格外脆弱之時，因此薇爾不必擔心小莉無法平衡地經驗其他關係。在沒有這樣的態勢以前，不必擔心。

相關常見問題之快問快答

Q 我兒子一直很迷女孩子。早在幼稚園時就如此，他會在下課時去摘花送給女生，不然就是送卡片。現在他十三歲，個性依然如故。我們有教他別把感情強加在不回應他的女孩身上，但我擔心如果他一直這麼情感外露，不學著控制一下，將不免心碎一地甚或更糟。

A 假如你兒子一直這麼浪漫，我想也不是每個對象都有他期望的回應，那麼你已經看到他其實很有復原能力。謝謝，下一個。但即便失戀的他更像泰勒絲．斯威夫特（Taylor Swift）而非亞莉安娜．格蘭德（Ariana Grande），也沒人能讓孩子免於心碎之痛。

不管是十四歲還是二十九歲，第一次心碎總是最傷人，因為一個人從沒經歷過這種痛。你兒子聽起來很有韌性，非常可愛，充滿熱情。如果他聽得進去，知道只有一些人願意回應他，那你就不必擔心。假如你認為他還不明白這點，你就要多加留意。如果他不聽你的，或者你不知道該怎麼清楚解釋「同意」這件事（不光是性方面，還包括侵入對方空間、非性方面的接觸、干擾人家的時間），就需要請別人教他，直到他懂為止。諮商師、輔導顧問、甚至某個聰明的家庭友人那裡，都可以幫得上忙。

最後，多數父母在某個時間點都得教孩子走過心碎。下面四個根據身體與社交痛苦的研究的談話點，可供你參考：

一、情感上的心痛不亞於肢體傷痛，那就跟你手折斷後痛哭一番一樣，因此不必覺得羞恥。

二、大腦對肢體受傷回應的區域（前扣帶皮層），在情感受傷時也會有所回應。

三、大腦的痛苦回應是保護你安全的機制。碰到火，哎喲！你會記得，因爲痛苦揮之不去。大腦也用痛苦來保護你免於社交危險。人類在健全、相互滿足的關係中成長。心痛的感覺是身體在叫你保護自己，因爲你受了傷。

四、研究顯示，擁有深刻的社交連結是療癒心痛最好的方式，所以當你覺得悲傷難過或心痛時，多找支持你的人，讓他們照顧你，就像你手折斷時一樣。心碎時很難想像會好轉，但時間會讓它成爲回憶，就像你曾經歷的所有皮肉傷一樣。

Q 我有一女一男兩個青春期的孩子。女兒生氣時會生悶氣，兒子生氣時則是破口大罵。我能應付安靜和情緒化，但不知道怎麼應付憤怒及刻薄。你不能叫他冷靜下來，那只會更激怒他。

Ⓐ我們總以爲憂鬱症者沉默、孤僻、退縮，往往女生是如此展現沒錯，但男生卻常展現爲憤怒。很遺憾地，那常形成女生獲得較多的包容與支持，男生則麻煩上身。兒子吼叫時，你可先暫時退開，讓沉默登場。有時你沒有立即回應就夠了，只要他的暴跳不是情緒問題而是壞習慣。停頓之後，你可以這樣說：「我不知道你有沒有覺得你的反應很激烈，但我覺得很受傷。也許你今天過得不好，那我們休息一下，稍後你再告訴我發生了什麼事。」一個小時左右去問問他，能否談個二十分鐘。我發現在談話前丟的麵包屑❶愈多，他們就愈平和，不論是孩子或你們的談話皆是。

如果你兒子就是無法控制自己，以及（或）他也缺乏自知，那麼建議他找諮商師談談，專家能提供他需要的應對技巧。

---

❶麵包屑一詞來自《糖果屋》這則童話故事，故事中，漢賽爾與葛麗特兩兄妹依靠沿路撒下的麵包屑找到回家的路。

Q 我知道青少年的情緒就像雲霄飛車，但我不知道什麼時候是正常、什麼時候是求救。我女兒有寫日記的習慣，我很想看她寫的內容，也想好好看一下她的手機，以確保她沒事。如果她不肯跟我說，我要怎麼了解狀況？

A 說到日記，我總是告訴父母千萬別去看，除非孩子面臨到即刻的危險。就像搜索民宅需要搜索令，警方不能只因懷疑某人家中發生非法狀況就逕行搜索，不論此人多麼怪異、來往的人多麼可疑、多少鄰居提出抱怨。要搜索私人財產，一定要有合理的根據。在你侵入孩子記錄其最私密心思的空間之前，無論是老式上鎖的皮革日記、螺旋裝訂的破爛筆記本或是電腦檔案，都一定要有事實建構的合理根據，而非只是出於直覺，否則你很可能(1)完全喪失孩子的信賴（我就認識還沒走出青春期被侵權陰影的大人），(2)把你不該看的東西放進腦海裡，這些東西有時無害，有時則很可怕。日記是孩子幻想的安全空間，慎思！

手機則不太一樣，這要看孩子的年紀。比起紙本，手機是複雜許多的工具。我鼓勵家長給孩子手機時，告訴他們爲了安全和禮儀，你會不時檢查手機使用情形。就像給孩子任何工具，你有責任教他們如何安全並禮貌地使用。何謂禮貌地使用？例如別在半夜兩點除草或安裝新露臺。工具要能有用，但不能造成他人的負擔、麻煩或無理的干擾。

日記以隱私爲前提，手機不是。話雖如此，一般來說，當孩子升上中學後，家長就要減少檢查，否則會讓孩子躲得更深。儘管手機不像日記那麼以隱私爲前提，青少年卻仍是如此看待。這可能會讓你很想尖叫，但請試想你和朋友坐在咖啡廳，聊著她跟老公最近的分居。這是在非常公開的場合進行的極私人對話。隔壁桌男子傾身過來說：「抱歉，但我實在忍不住。這也許不完全是你先生的錯？我聽起來你們倆都做了難以挽回的事。」

這個侵擾會使你嚇壞，也合該嚇壞。想像你叫那男的滾遠點或任何在那情況下會說的話，於是他又靠過來說：「聽著，假如你們不希望別人聽到這些，那就不該在這樣的公共場所談。下次何不寫在日記裡就好？你知道任何你在這裡（雙臂對著整個空間揮舞）講的話，會被別人聽見而且再也收不回來。」

我們看孩子的手機時，他們就是這種感覺。對，技術上而言，他們在上面分享的私密事若有人截圖或拍照，就會變成公共財。但父母近身探看每一則簡訊，感覺就像那個咖啡廳入侵場面。當然，嚴格講那不叫隱私，但，那是給你看的嗎？

看孩子手機不像讀他的日記，這兩種侵犯並不同，但這麼做必須基於證據帶來的憂心，而非只是想多了解孩子的渴望或僅是出於一般的關心。

簡言之，說到窺探相對於安全檢查的「是否與時機」，歸根結柢是：你握有多少證據？假如你有理由相信孩子正在或準備踏入一個無法回返的危險（打算跟網路認識的一名男子碰面、買毒品、想自殘或傷害別人），你就該檢查。如果你只是預感到他們不快樂或是跟朋友吵架，那就跟他們談談，千萬別偷看。

敏感兒的一線希望

一線希望在於你要對自己有所認識。小莉學到了什麼？穩定——即便生活中的事幾乎已崩塌，她的雙親都會爲了她而來。回頭看，她會清楚看到這點。二十年後小莉坐在諮商室，苦澀地努力釐清雙親何以要對她幾個月的新友情設限，這種光景不可能發生。作爲敏感兒的一線希望是，被逼著學會哪些應付機制不管用，往往也就學會了哪些應付機制管用。

12

無法與家人相處：家中異類

孩子步向獨立的童話版本是像這樣：設下個人發展目標，做出嚴謹計畫（拿到好成績，找到工作，當志工，結交優秀楷模），碰到困難時會找你商量，然後在達成目標後幾天，從新公寓傳簡訊問你要雞肉沙拉食譜，因爲缺少它，家就不像家了。

孩子獨立的眞實版本則是一堆吼叫、生悶氣、隱瞞或遮掩、忘東忘西和怪東怪西。獨立之路充斥著自認是家中黑羊❶的孩子。煩躁的青少年音樂、文學與媒體，在在顯示這些家中異類們感到如何被誤解或是被輕看。別擔心，多數孩子長大一點就會過了這個階段。

在此同時：翻白眼？咕噥兩聲作答？拖了半天才做家事？這樣的家人實在是不理想，但當這家人是個青少年時，家長只會碰上更多接踵而來的痛苦。想像一下孩子是小狗。〔跟緊我，我們的譬喻從羊兒來到了狗。此書是個會讓自然歷史學家大衛．艾登堡（David Attenborough）驕傲的動物王國。〕你能忍受牠們的輕咬嗎？當然，但狠咬不行。你能忍受家中的便溺嗎？當然，一陣子可以，但當牠們會到外頭解決時，你一定會瘋狂誇讚。你能忍受吠叫嗎？當然，但在牠們太大聲或管不動時，你會給牠們咀嚼玩具輕拍牠們或帶牠們出去。

孩子進入青春期，父母總認爲「他們應該懂事點了」，而非在家裡充斥著反社交行爲。實際上，青少年才正在學著怎樣社交，因爲「社交」對青少年來說有著新的意義。在此之前，他們跟隨你的榜樣，你是同伴也是保護者，於是他們模仿你的社交習慣。現在他們像必須學會融入新團體的小狗，他們的社交圈變成以其他同儕爲主，不再跟隨你這個榜樣。

孩子應該要懂得別對你粗魯或是不屑一顧嗎？是的。但他們做得到嗎？無法。對這種家庭新常態，別太苛求。就像訓練家中幼犬，把「應該」從你的口中剔除。把抱怨他們舉止的時間，用來訓練他們成爲講理的新成員吧。

❶黑羊（black sheep）意指一群白羊當中有一隻黑羊，亦即一個群體中與其他人不同的成員，可衍生為不合群、異類或是與眾不同之意，亦可形容一個思想特異的人。

突擊測驗：孩子逐漸獨立，你眞正的感受是？

1. 孩子跟我的關係非常完美。他們對我絕對信賴，什麼事都告訴我，從不讓我擔心，我知道我從小教他們做正確的事，他們也知道我是他們最大的粉絲。

2. 週六晚上，孩子想跟我一起看電影——再一次。但願他們別這麼黏人。他們不是該出去交朋友嗎？我也需要點空間啊。

3. 孩子變得跟陌生人一樣，超難相處的。我期待他們能變成善良正派的人，但我還眞不敢講。

其中第一個場景最讓我擔心。我懷疑這孩子得壓抑自己以討父母歡心。任何關係都不完美，這種性格表徵潛藏著許多維持完美的壓力。再者，孩子有權保有自己的想法及感受，毋須事事都告訴父母；而當孩子拉開距離，父母也不應感到難受。這個場景一點兒也看不出孩子或父母的邁向獨立，發展似乎適得其反。

第二個也有點不尋常，可能不符我們對一般青少年的認知。不過有些孩子發育較緩，也許有些焦慮；至於這位家長期望能和孩子保持某種距離，這是好兆頭。

第三個可能最爲常見。這名住在你家的陌生人，在邁向獨立的自我階段時出現一種可以預期的過度行徑。如果你認同這種狀況，請放心，因爲(1)多數人都跟你一樣（這不是說大家都陷在同病相憐的折磨中，而是說你完全正常），(2)這一章就是爲你而寫，我將提供讓你找到和諧的工具。如果你對第二個場景心有戚戚，也許你不需要讀這一章（暫且還不需要），但你仍可爲將來預作準備。要是你的狀況類似第一種，也許你該按個暫停鍵。或許我完全錯了，如果是這樣，那麼請繼續享受與孩子的美好關係，但請先確定其中沒有藏著不妥因子，不要自顧自地如此繼續。

而即便是第三種，又該如何知道孩子已太超出青少年的惱人界線，眞的讓人無法與之相處？每個人的那條界線都不一樣，下面則是許多父母提供給我的：

- 當孩子對家人出現肢體暴力。
- 當孩子心知肚明卻故意不斷造成傷害。
- 當無禮不是偶爾，而是常態。
- 當孩子的行徑不斷撕裂其他家人的關係（手足、婚姻、祖父母等等）。
- 當照顧者必須放下其他事情，費心處理孩子的惡劣行徑。
- 當孩子對家人做不實指控。
- 當彼此的溝通長期陷入停滯。

- 當家人畏懼孩子的反應。
- 當孩子的行徑產生法律後果。
- 當孩子的行徑陷家人於肢體危險或名譽風險當中。

若上述任何狀況符合你的處境，尤其若涉及任何人的安全，建議你找能協助家裡溝通的中立第三方。本章我們則要看父母對任何負面（但不致危險）互動時的反應，可使之愈演愈烈，反之也可使其平息下來。

常規不一定一體適用

當孩子的舉止有如家中異類或他們自認如是，往往會讓父母大爲恐慌。

身爲父母的一大矛盾是，我們希望孩子獨特，但又不希望他們特立獨行。他們最好在能帶來好處的領域與眾不同，像是網球場上發球最強、制式測驗拔得頭籌。如果獨樹一幟會讓他們受傷，那麼他們最好跟別人一樣。我們更不希望的是，他們的不同讓同住者痛苦不堪。我們希望他們社交無礙，有一般興趣，交友順利，或者大致與同齡的孩子相仿，才不致受到排擠。我們也希望他們的言行和我們一樣。這樣的要求太過分了嗎？

獨特但不奇特。不同但不難搞。特別但不詭祕。

我們希望我們的小羊完全融入群體，我們的小狗尊敬大夥，我們的小鳥躲在我們的羽翼下直到安全離巢。在我們的野生國度，我們有極其明確的要求。

當我們說孩子打破常規，我們是指在好的方面與眾不同；當我們說孩子不符常態，則是指在壞的方面令人矚目。前者很棒，後者很糟。但這個常規眞的那麼有價値嗎，尤其是對青少年而言？

在我與中學生共處的十九年，那些青春期曾難以融入大家的，後來常發現是那些常規有問題，而不是他們。

就像我跟每個因試穿衣服不合而懊惱自己身材的人說的（朋友、我的小孩、我開導的小孩、我自己——當我的腦袋清楚記得自己的忠告時）：「問題不在你的身形，問題是那衣服的版型，只要跑一趟裁縫那裡就能輕鬆解決啦。」

更換容器永遠比換掉要放進去的東西容易。多聽聽八方意見也有幫助。新商店、新學校、新工作、新鄰居、新資訊來源、新朋友群、新醫生，有很多管道可讓自己重新思考你想讓自己合適的模子。

現在，我沒打算揚棄一切習俗、界線與常規。這不是蠻荒世界。我非常贊同社會契約，尤其是在舉止要有禮這方面。我很討厭駕駛不遵守拉鍊式匯入（zipper merge），或是有人在公共場合用擴音講電話。我不會給他們比讚，想著「看這些人自行其是眞好」，也不會對他們比中指，因爲社會契約。我要說的是，談到融入，最重要的是仁慈、體貼與合作。這以外，你要怎樣都行。

說來容易做來難，尤其是對青少年。他們缺乏人生歷練，還不懂得別在意他人的感覺、成就或穿著，自己去尋找適合自己的地方。

無法適應或符合常規會使人感到失敗，尤其當你覺得融不進你所屬的家。此時就像我上面所說的，改變容器要比改變你想置入的東西容易。家庭的彈性要夠，在對大家抱持合理期望的同時，也要給每個人空間，無論其身形大小、個性氣質與人格如何。

我們來看圍堵、解決、前進策略如何幫助了一個陷入危機的家庭。之後我將答覆一些常見的相關問題。

［案例7］見見家中異類

凱拉怎樣無法與家人相處

詹姆斯和凱洛琳有兩個女兒：十七歲的凱拉和十五歲的艾比。凱洛琳描述兩個女孩感情很好，愛玩愛鬧，個性都要強。凱洛琳告訴我的故事起於二〇二一年春，多數家庭仍處於疫情封鎖時期，家裡必須同時充當課堂及辦公室，情緒常一觸即發。某天下午，姊妹倆在廚房一邊煮東西，一邊聽手機播放的音樂，當出現一名當紅鄉村歌手的歌曲時，艾比開口跟唱。凱拉衝去拿妹妹的手機並關掉音樂，喝斥妹妹不許再唱。兩人愈吵愈兇，驚動了在家工作的詹姆斯，他趕來叫她們停止，但激動的姊妹無法克制情緒。

詹姆斯拉開兩人並關掉手機，試著了解原因。向來勇於捍衛他人的凱拉說，這名歌手被逮到在影片中使用「那個N開頭的詞」❷，所以家裡絕不能支持他或他的

❷ nigger，黑鬼，是對黑人極具歧視及侮辱意味的用詞。一般人不敢直接說出這個字，若要用，會委婉的以「那個N開頭的詞」（the N-word）代替。

音樂。

詹姆斯回說艾比有權聽她想聽的東西，爭論於是從姊妹倆一躍成凱拉與爸爸。父女你來我往，辯論著取消文化（cancel culture）、個人權利，以及「那個N開頭的詞」在不同情境有不同意義、誰能說誰不能說等等。詹姆斯自認在激發批判性思考，而凱拉只覺得被激怒了。終於來到此刻，詹姆斯舉流行文化中N字使用情形為例，只是他沒講「那個N開頭的詞」，而是把整個字說了出來。

凱拉驀地住口，有如被揍。她直視父親，要求道歉。詹姆斯試著解釋他並不是使用這個字，而只是引用某人的言詞，凱拉應就此結束爭執。

「你是種族主義者，」凱拉說：「我永遠不會再以同樣的眼光看你。」

此後一週，兩人不曾交談。那段期間，這個家彷彿是蛋殼做的。凱洛琳曾試著調解，但他們都太過生氣了。再過一週，她說詹姆斯的怒意轉為傷心。他找了凱拉，請她重新思考對他的指控。「你了解我的。」他反覆地說，然而凱拉不肯讓步。

凱洛琳說之後的幾個月，情況漸漸回到往常。凱拉跟爸爸有交談，但不太自然，也仍顯得緊繃。他們會一起吃飯、看電視、跟狗狗一起玩，但所有人仍處在難以撼動的艱難邊緣。詹姆斯和凱洛琳懷疑一家人還能否回到以往的輕快，抑或這揭示了與凱拉關係瓦解的開端。

圍堵

控制敘事

一般來說，控制敘事是爲了掌握消息以何種面貌外流。就這個例子來說，觀者不是外人，而是家人本身，特別是詹姆斯與凱拉，雖然艾比和凱洛琳也受到波及。

身爲大人，詹姆斯要格外小心後續的處理。如果他堅持證明自己不是種族主義者，凱拉可能會益發堅定，父女關係會像單點支撐的平衡木般晃蕩，分處兩端的兩人都想證明自己才是對的。

無論詹姆斯是種族主義者，抑或凱拉的這番指控不正確，這都不是他們該關注的焦點。那番對話出錯的點在於凱拉要求父親道歉，他的發言冒犯到她，但詹姆斯不從。

詹姆斯認爲衝突的核心在於他是不是種族主義者，然而他沒想到這並非重點，當時他該做的是體會凱拉的感受。

凱拉覺得他們兩人是爲價値觀爭論，詹姆斯則覺得是在爲眞相而辯。實際上，他們是爲情緒而戰。弄清彼此在說什麼之前，僵局將一直持續。重新把激烈對話對焦於感受，會出現轉機，因爲感受沒有對錯，只是如實那樣。在那個層次，要吵很難。

肯定孩子

詹姆斯覺得自己受到人身攻擊，可能就不想說女兒好話以轉變局勢。如果你的孩子怒指你有道德瑕疵、罵你、或就是對你粗魯無禮，你的反應大概也會跟詹姆斯一樣。

別跳過這一步。青少年的大腦總把批評視作威脅，於是會煞住通常在成長的神經元與突觸。當孩子把回饋意見當作批評，就無法如你所願地從中成長。相反地，當孩子的大腦感受到成就，就會刺激突觸進而學習。有鑑於此，先告訴孩子你眼中看到的優點，最能幫助他們從回饋中學到東西。以凱拉的例子來說，她爸爸當下可以說：「我要你知道，我很佩服你堅持正義的熱情，希望你能永遠保持這股能量。我也認爲我們得討論如何表達不同意見，又不至於不歡而散。」

肯定凱拉的另一種做法是，同意彼此之間的權力不對等。作爲家中大人，詹姆斯的權勢遠較凱拉爲大。如果他表示能理解對事情有強烈意見（家人在公共區域能聽哪種音樂）卻沒有掌控權，大概很不好受，這樣可能就能緩和凱拉的火氣。而這也能打開討論，看家人如何滿足彼此的需求或是退出令人惱火的局面。

搜集眞相

如同在控制敘事提到的，唯有當你願意傾聽對方，才有可能眞正明白對方的本意。詹姆斯強調自己並非種族主義者，凱拉則堅持他是。兩人如何證明對方說的不是事實？要發現眞相，揭露自己的感受是唯一辦法。下一小節我們將看看該怎麼做。

解決

採取行動

促進連結

無法跟孩子相處時，你能做的首要之務就是促進連結，而那要建立在愛與顧及所有人的尊嚴上。我知道這聽起來彷彿彩虹和獨角獸，但不讓任何人感覺被責怪真的是重要起點。作家兼教育家蘿莎琳・懷斯曼（Rosalind Wiseman）成立的「尊嚴文化」（Cultures of Dignity）在這方面有卓越貢獻，此組織教人們藉由公開有效的溝通來化解衝突。她與珊特拉・麥可布萊德（Shanterra McBride）合著的《直面困局：就種族問題，展開重要的、勇敢的、改變人生的對話》（*Courageous Discomfort: How to Have Important, Brave, Life-Changing Conversations About Race and Racism*），解決與家人討論種族的困境。懷斯曼和麥可布萊德建議用兩種提詞來證實對方觀點，以防止對話自行崩解。這兩種提詞正能有效解決凱拉與詹姆斯的衝突：

「幫我釐清一下……」和「這勢必對你非常重要，我想弄清楚……」

如果詹姆斯能從想理解女兒的立場出發，她將感受到被認可，也將願意傾聽他的觀點。十七歲，我們能料想凱拉正像每個青少年一樣，情緒化、孤僻、困惑，對她看重之事甚至顯得好戰。她的父母必須設法訂出信念，讓這個家既能鼓勵個人價值與健全辯論，又不落入無意義的爭執當中。

但在他們度過此次考驗之前，卻又發生一件惡化大家相處的事件。凱洛琳說幾個月前，引發衝突的那位鄉村歌手宣布了巡迴演唱的日期。凱拉花了四百塊美金買了兩張票，一張給自己，一張給女友。你吃驚嗎？我非常！接著我有了一番思考。這正是典型的青少年行徑。原來那位歌手是她新女友的最愛。詹姆斯聽到之後，對凱拉的表裡不一大爲光火，戰火又扯到了過去。凱拉捍衛自己決定去聽演唱會是因那位歌手已表態道歉，且門票是給女友的禮物，並非爲了自己。（你從這則故事可看到兩次，道歉對青少年是頭等大事。）

此時詹姆斯原可與凱拉針鋒相對，再次爭執她對他的指控，以及她這回自反陣腳站到那掀起風浪的歌手那邊。但他已想明白自己是想跟女兒繼續爭論，還是維護彼此關係。凱洛琳說，那慘痛的一年對他的影響太大，他知道唯有多聽少講才能繼續向前。

前進

鑑別你的恐懼

面對凱拉的難以相處，詹姆斯和凱洛琳可能有下列恐懼：

凱拉會再親近我們嗎？

在她離巢前這段期間，家裡會有更多讓人不安的緊張嗎？

這股緊張會讓我們的婚姻出現裂痕嗎？

凱拉對她爸這麼決絕，對其他家人也會嗎？

凱拉將來對朋友、情人、老闆或任何權勢角色也會這麼火爆脾氣嗎？

解決的關鍵在於不要絕望或覺得無助。只要坦承恐懼，並及早選出其中一項著手應付，兩人就能與凱拉一同邁進能共處的時空，即便不是全然的寧靜與和諧，也能感激彼此的陪伴。

先面對一種恐懼

前列的恐懼多落在「遙遠的疑惑」，就如大多數恐懼皆是如此，但我看到的當務之急可能讓你意外。這是兩人唯一能立即掌控的，也是唯一與凱拉不相干的，那就是：女兒的行徑或人格是否將造成詹姆斯和凱洛琳婚姻失和。他們能馬上做此事情來改善彼此關係，無論凱拉做何反應。事實上，看到父母專注於彼此，可讓凱拉在混亂的青春期得以鬆口氣。見到父母和諧，孩子將徹底安心。而讓凱拉離開聚光燈（或審問燈，看你怎麼看），也可能讓她沒那麼大的壓力去證明自己對而他們錯。

那麼這看起來像怎樣呢？看來是有意為之。他們應排出時間攜手做些事，例如約會之夜、外出享樂、散步時間或親密時光。更進一步則不妨找伴侶諮商，探索當孩子長大、家庭和樂裂解，彼此該怎麼相守。無論怎麼做，兩人的不離不棄，把彼此放在第一，會是養育（或身為）青少年子女這段磨人時間對全家都好的情況。

捍衛孩子的權利法案

再度肯定凱拉的權利，即便（和尤其）彼此關係不好時，是她父母能幫她超越這次挫敗，與他們重修舊好的契機。我們常說對孩子無條件的愛，但有時青少年更需要感到無條件的信賴，即使他們已傷了我們的心。

自行決定信奉的理念

這項權利可說是顯而易見。最終，詹姆斯與凱洛琳只能跟女兒分享自己的價值觀，但不能要她改變她的理念……也不能要她不變，就像她後來改站到歌手那一邊。

考慮這點：擁有理念，是與某件正面之事站在一起。當凱拉違反自己的信念，她爸爸可能認爲她很虛僞。她也許是！但是爭這個，就像爭詹姆斯是不是種族主義者一樣，最終毫無結果又沒意義。把焦點放在孩子在意的任何正面事情上，從那裡展開對話。與其說：「這太荒謬了！那根本就違反你的理念！」試試這樣：「你做此決定，信奉的是什麼？」

看向全新

凱拉與父親的戰爭，不會是她在這個家究竟是什麼人唯一值得關注的事。要幫她邁向與家人更好的關係，詹姆斯夫婦要開始留意女兒別的事情，除了對理念有所反覆。

詹姆斯和凱洛琳決定做兩件事：首先，保持耐性；再者，放眼未來而非過去。他們意識到凱拉的行為多少出於年輕，隨著年齡和經驗增長，他們覺得她將不會那麼好戰。加上詹姆斯放下了爭辯衝動，情況愈見好轉。凱拉開始考慮大學，準備邁向獨立的下個階段，大家更有了令人興奮的嶄新話題。

當「無法相處」永遠地裂解了一個家

有青春期的孩子從家庭中抽離，永遠沒再回去嗎？絕對有。有時那會發生，而且很遺憾地，這是家長無法控制的事。我認識許多很棒的父母，竭力想維持跟孩子的關係，而這孩子也許在對抗精神疾患或成癮，儘管父母付出了一切，最終仍失去這不願或無法維繫可靠成熟關係的孩子。

當孩子涉及精神疾患或成癮問題，父母必須知道他們無法也不能嘗試為孩子找來各種照護者。聘請專家小組才是維繫親子關係的樞紐。也請注意，不少家長告訴我，他們誤讀了憂鬱症的警訊，尤其是青春期的男生。叛逆、毫不在意後果，其背後可能是憂鬱症。看來似乎是毫無顧忌的狂飲習慣，跟我們認知的悲傷、憂鬱、消沉截然不同，但青少年就是可能如此。所以當孩子難相處的點在於他們從不考慮後果地從事瘋狂行徑，這可能意味著他們真的不在乎自己會怎樣。請找諮商師評估憂鬱症的可能。

診斷治療的重擔就交給醫療、心理、精神專家，這樣父母才有餘力專注於親子關係，而非當個「修復者」。有些家長太靠近孩子的痛，怕引進專家會帶來更多傷害（「情況不像醫生以爲的那麼嚴重」），或挑明問題會傷了孩子（「她這禮拜很好，我不想提起治療來打擊她」），或沒人比他們更懂孩子（「他們只看到問題，卻不曉得孩子的諸多優點」），或遵照醫囑會破壞親子關係（「如果我要他們這樣，他們會恨我一輩子」）。這些憂慮都可理解，但父母也必須明白，療癒之路會行經傷痛之境。迴避今天的困難決定，期盼事情會自行解決，長期下來對孩子絕非好事。忽略專家一再提醒的父母，第一可能對孩子造成長久傷害，第二則會破壞親子關係。

除了這些比較極端的狀況，有時孩子無法跟父母相處的原因是，他們無法承受父母對親子關係的期望這個重擔。我談的期望不是責任方面，像是做家事或讀書。我說的是某些家長對親子關係的期待。害怕被拋棄或拒絕的父母，可能會強迫連結（那是不可能的）。逼孩子在你身旁，不等於促進關係，恐怕只會引起厭恨。有些父母以爲他們給孩子無盡的愛與資源，自然應獲得感激，那種以爲就足以把關係逼到破裂。家長一思及此，可能不禁氣憤塡膺：「我只不過希望你有時能跟我聊聊。以前我載你去每一場棒球比賽，幫你買所有的裝備，經年坐在那些硬看台上只因你熱愛棒球。現在你進名校也是因爲棒球獎學金，而我只覺得你沒想到這一切是我爲你做的。難道你就不能每週花個幾分鐘打電話跟我聊一下嗎？」

或許你不懂，這個假設狀況中的兒子爲何就不能打給媽媽。從時間管理的角度，他當然可以。說到動機，他可能有多個不想打的理由：媽媽讓他心生愧疚，又總是講很久；他熱愛大學生涯的每一分鐘，不想老聽到他爲此「虧欠」媽媽；他是個學生運動員，在棒球、課業和一點點社交生活之外，幾乎沒剩什麼時間。

這位母親把通電話當成兒子的義務，兒子則被義務壓到喘不過氣。當打電話回家是取悅父母的責任，他將不會找出時間，即便只要幾分鐘。較小的孩子可能覺得有此必要，因爲他們還住在家裡，這樣做會比較穩妥（比較不會被唸）。然而一旦孩子離開家，就可以忽略爸媽的懇求，不用努力討他們歡心。就像人們送禮後不應期待回禮，父母生養孩子也不應期待回饋，即便只是表達感激。有的話很棒，但不能強制。父母能做某些事來提高孩子感恩而願意相處的機會，但是這絕對強迫不來。愧疚並不能強化連結。

相關常見問題之快問快答

Q 我十六歲的兒子跟我們夫妻處得很好，但就只有我們，如果他弟弟出現，他馬上顯得很煩且立刻走人，完全無意把弟弟拉進我們原來的談話或活動中。他弟弟只想跟哥哥在一起，但他完全不想。**我能期待改變出現嗎？還是這個家就得這樣分開作業？**

A 這背後可能有些原因。你的老大可能喜歡（甚至非常渴望）跟你們夫妻倆的相處時光。他可能自認有這個權利，想以比較成熟的姿態跟你們在一起。如果是這種情形，就儘量製造這種機會給他。如果需要把弟弟送到親友家裡過夜，或是單獨帶哥哥外出吃飯，那就這麼辦。當他心滿意足時，讓他知道你們很享受跟他單獨相處的時光，就像你們也很享受全家在一起的時光，然後問問他有什麼想法。

另一個可能：也許兩兄弟之間有什麼你們不知道的狀況。通常我們看不出手足間的微妙關係，像是沒問就借用、戲弄，或是我稱爲「擦亮光圈」①的把戲。不妨與兄弟倆個別談談，看對方是否有什麼讓自己受不了的行徑。之後你們可以新訂家規，讓所有人能和平共處。

Q 昨天我在整理時發現沙發墊裡有一支電子煙，我拿到兒子面前問他這是怎麼回事，居然這麼公然地在家裡抽菸。他大吼著說我反應過度，說那根本不是他的，是他朋友怕被逮，叫他先幫忙收著，而他忘了這件事，說那一定是從他口袋掉落的。如果兒子是無辜的，我當然不想處罰他，但我也怕他騙我。現在他不跟我講話，我要如何找出真相？

A 電子煙是誰的不重要，重要的是它在你兒子的口袋裡，在你家。好啦，那不再是個祕密，這樣很好。現在你們可以討論持有這東西可構成起訴條件、電子煙的健康問題等等，至於那是誰的、誰有抽都已無關緊要。但首先，關於那句常被用的「這不是我的，我只是幫朋友保管」：假設那完全不是事實。

對，是有極罕見的可能，你兒子只是幫忙保管一支電子煙、水煙斗、一袋大麻、六瓶酒精飲料等等，卻毫無嘗試的念頭。但這很難想像出好理由。我唯二能想到的理由不是很優：要不他們實在天眞，看不出自己被朋友利用，那個朋友自己怕被逮，而寧願讓你兒子冒險；

---

① 擦亮光圈就是看到某個手足惹麻煩或即將如此，另一個就儘量擦亮自己的光圈：非常幫忙，極其可愛，超級仁慈，在在顯示自己比起手足是多麼棒的小天使。

要不就是他們也了解其中風險，但想迎合社交地位較高的朋友。無論如何，持有大麻就是非法，不管動機如何純潔。現實是，被逮到的孩子或許做了一個讓自己置身險境的不成熟決定，要不就是自己也有抽。過去十年我碰到許多這樣的家長，他們發現孩子持有違法藥物，但願意無罪推定孩子確實是幫人保管，多年過後則發現孩子也有使用，無一例外。

我的建議是，及早讓你的孩子充分明瞭你絕不採信什麼幫朋友保管的託辭。一旦發現他們持有毒品、酒、相關吸食用具，你就認定那是他們的，絕非只是經手。最好在孩子動念嘗試前發表這項聲明，但很難說那是幾歲，任何年齡都有可能，有的孩子則從不嘗試。我是建議在孩子要上中學時，清楚發布這項政策。第一，這將顯示你是有在關注且不會輕易上當的爸媽；第二，這讓孩子邀朋友來家裡時有個依靠，「我爸媽要是發現了，他們會認定那是我的，我就完了。」

如果你未曾做此聲明，這次就先給孩子一張無罪金牌，然後說明此後的新政策。也就是說，這次就假設電子煙真的是他朋友的，你的談話主軸可以是：你希望他知道你希望他「朋友」知道什麼，以及萬一他「朋友」有成癮的話，他可以如何幫助他。保持平靜，不帶批判，給予鼓勵。

Q 我女兒高三，開始覺得有權不參加家庭活動，尤其她明年就要離開家了。我不介意她偶爾缺席，但她想要隨心所欲，連最近說好要去看她祖父的行程都給推翻，因為臨時冒出更好玩的事情。我知道她的羽翼快要成熟，但我希望我們能全員出席這一類活動。她不肯去，讓我覺得很難堪。

A 如果你不介意她偶爾缺席，想想那是些什麼狀況，然後跟她明說。或者，根據家庭活動次數，決定她可以缺席的比例。她這個年紀確實值得去體驗更多自主，但身爲功能良好家庭的一員且蒙受多方好處（例如滿足她的各式需求），也意味著她有時應有所回報。所以雖說她不必每次都跟，但還是要參加一些。

另一個提醒：是參加家庭活動讓她困擾，還是錯失別的趣事讓她憂心？也許你告知她有出席義務時的口氣讓她不滿。有些孩子希望有夠長的預備時間，好安排跟朋友的其他活動。有些孩子寧願自發性地參與，因爲先做好計畫反而會讓他們對此活動心生退卻。跟你女兒談談她希望怎樣的安排和參與頻率。

Q 我兒子小的時候很好相處，但現在卻事事跟我作對。我們每週日上教堂，他說他是無神論者。我們為在地慈善機構賣烤肉，他說他吃素。我對政治、社會、甚至電視節目的觀點，他全都站在對立面。我說某樣東西是黑，他就說是白。我不知道他是想爭辯，或就是受不了我，想跟我不同。我們住在同一個屋簷下，卻沒有一絲共同點。這是青少年反抗父母的正常現象，還是親子關係終結的開端？

A 我不確定我能作答。這兩者都有可能。青少年表態自己與父母不同是很正常的，但如果他每件事都唱反調，就有點不尋常了。如果你開始茹素，他會開始吃肉嗎？（別這麼做。除非你眞心誠意，否則會顯得惺惺作態。）我只是好奇。因爲我感覺背後有更大的原因，讓他想徹底跟你拉開距離。也許他怕當你看到他的眞面目（或是他覺得他將變成的樣貌），你會推開他，於是他便先推開你。也可能你只看到你們的差異，卻忽略了彼此可以交集的地方。

回頭說一下吃素。作爲熱切的烤肉者，你可能不想完全放棄肉食，但能不能在家安排無肉的週一晚餐？也許他能爲你烹調他愛吃的食物，最後跟你一起吃。別一直想著「我做X他做Y」，試著做些改變。「他喜歡Y，那我就來聊Y。」多了解他喜歡的節目、食物，甚至信念。你不必跟著喜歡，但要對他喜歡的原因表示興趣，然後專心聽。我覺得這很可以爲你們之間搭起橋梁。

家中異類的一線希望

儘管孩子太難相處有時令人擔憂心涼，好消息是，他們可能更早獨立。

我老大兩歲時，開始咬其他小孩，而且是經常。每天她放學回家，我會害怕打開她的背包，簽收又一則咬人事件。多次之後，聯絡簿出現一則訊息，要家長去幼兒園跟園長談談「狀況」。當初我在這所幼兒園的候補名單上好一陣子，現在深信我們將被踢出。他們根本不需要我們付的學費。一堆人等著補上這個空缺呢！孩子沒有照護，我的工作怎麼辦，我焦急得團團轉。那位仁慈的園長並沒有譴責我兩歲女兒的不知好歹，而是說明當孩子忽然開始咬人，差不多就這年紀，是處於語言爆發的前夕。他們如此想要表達，表達不出就化爲行動。眞相大白。至於園長說的其他事情，我都忘了！我相信我們有繼續談到該如何應對她的行爲，別再讓其他小朋友回家時，手臂、小手、小臉上都是咬痕，但這些都已不復記憶，我只記得他告訴我，我女兒的行爲不代表有憤怒問題，她很聰明，只是需要更多工具來表達自己，我們都要更有耐心。

凱拉這樣不時跟爸媽或照顧者爭辯的孩子，可能並沒有憤怒問題。他們只是很需要脫離父母，邁向獨立，開始發大夢做大事；他們只是還沒有實現夢想的工具。把那股能量看作潛力，嘗試理解並放下爭執，能幫你那聰明、意志堅定的孩子朝正向發展，並擁有良好的親子關係。

你們當中有些人可能曾是更艱難情況下的異類。身爲家中異類的另一線希望是，當你來自不安全也缺乏支持的環境，你更知道如何打造一個理想的家庭。

13

無法相信自己：板凳球員

爲孩子創造挑戰的機會

高中時，我是個膽怯的女孩。中學時崎嶇的社交體驗和焦慮，加上孩提時不可預料的經歷，讓我的自我懷疑持續壯大。法伯先生是我九年級的英文老師，在課堂上大吼和丟東西是出了名的，但我很幸運有著讓自己隱形的本事。我安分守己，遁入幕後，祈禱他的注意力都放在愛講話的孩子身上。

我們第一次作業是寫兒時回憶。簡單。我用兩頁寫了我六歲時的某天，臥在客廳地毯上畫畫，媽媽走來對我低語道：「去跟你爸說再見，然後我帶你去外公家玩。」二十分鐘後，坐在車子後座的我，聽著我媽說我們再也不回家了。

第二天法伯先生發還作業，我的上面有著一堆紅墨水。「不，不，不！」我心想。我感到胃裡堆積的壓力。我掃視那些批改的線條與圈圈，看到他寫的評語：

「你是個作家。」

好了。這是一項事實。關於我的。多年來我一直不知道我是誰，而今忽然有了答案。我不只是個高瘦、笨拙、緊張又渴望受人喜愛的女生。那些是我，但我不只是那樣。我是個作家。有人這樣說我，而這人沒有理由讓我開心，所以我相信他，頓時我脫離了「板凳球員」這個身分，覺得自己被點名下場。

聽來我好像在說，當孩子沉溺於自我懷疑時，不妨換個角度，期待他們有天會碰到讚美他們的陌生人。我不是這個意思。雖然我也不是在說那不可能。讓那些事情自行運作不僅沒問題，說不定還是你唯一的選擇，因爲青少年對父母的稱讚完全不買單。話說回來，我不希望你的孩子對心懷不軌之人的美言沒有抵抗力，因此，保持耐性固然好，你也能做些事架起護欄，防止有人利用孩子的缺乏自信。如果沒有陌生人來做此事，有時父母自己也能夠辦到。

自認是板凳球員的孩子，總是欠缺自信或自尊相信自己能更好。他們往往屈意奉承，不想惹任何麻煩。他們樂於坐在場邊爲人加油，卻無意爲自己爭取上場的機會，因爲他們相信總有人更加優秀。

什麼能爲板凳球員帶來改變呢？好教練，絕對是。支持的粉絲也有幫助。但不只是這樣。要讓板凳球員產生自信，他們得爲團隊做出貢獻。

讓板凳球員接觸勵志故事並沒有什麼效用。假設你跟孩子一起看運動電影，主角的決心和毅力大快人心，然後你轉頭對孩子說：「你瞧這個人！他一直被打敗，又一直站起來。多了不起的鬥士！你要記住，絕對不能放棄！」孩子八成會同意你所說的。「對啊！那個人眞了不起。我也希望能像他那樣。」但那能化爲鬥志嗎？不。

眞正的運動員產生鬥志，是經由難忘而相關的成功時刻。如果他們從沒在筋疲力竭時超越另一名跑者，沒在慘輸時完成一次攔截，沒在場下受挫後贏得一場勝利，他們便得不到教訓，也不會了解毅力將帶來成功。所以運動員需不斷不斷地練習。經驗——不是聽或看人家談成功——滋生韌性，帶來成功。缺乏經驗則會導致無助。

身爲父母，你的任務是讓事情容易些，你的職責是確保孩子有體驗挑戰的充分機會，讓他們從中學到愈挫愈勇。

我們從籃球跳到大便。還記得五味太郎創作的

身為父母，你的任務是讓事情容易些，
你的職責是確保孩子有體驗挑戰的充分機會，
讓他們從中學到愈挫愈勇。

繪本《大家來大便》（*Everyone Poops*）嗎？它的簡單概念是，爸媽可藉著坦然說明動物和人如何消化食物、如何處理後續，讓孩子明白這是正常的人體功能。我的孩子念小學時，我總是跟他們說：「你們的校長也要大便！希望你有美好的一天！」這是我說沒什麼好擔心的方式。我們都是人。我希望我能為每個低自尊的板凳球員這麼做。「所有人都有自我懷疑！希望你有美好的一天！」我們都經歷過那種時刻，認為自己無法或不值得更好。這一章，我們來探討你能怎麼說以及怎麼做，好幫助孩子爬出那個洞。

要進一步了解孩子如何從這類挫敗中成長，我們來看圍堵、解決、前進策略如何幫助了一個家庭。之後，我將回答一些常見的相關問題。

［案例8］見見板凳球員

歐文怎樣無法相信自己

貝琪和艾瑞克都有痛苦的童年。貝琪的母親因嚴重的精神疾患無法照顧她，艾瑞克的父親會對孩子們暴力相向。這對夫妻坦承那對他們造成的影響，包括讓他們對自己身為父母抱持怎樣的信念及策略。

貝琪是在家兼職的平面設計師，艾瑞克是全職的心理學家。第一個兒子歐文來到時，他們發誓要給孩子穩定的堅實基礎，而這正是兩人早年所缺乏的。他們打造了這樣的家庭環境，充滿愛心，但艾瑞克回顧在他事業剛起飛時，工作迫使他們每年都得搬家，那時歐文就讀小學，因此每個年級他都是新來的學生。

三年級時，歐文有了兩個弟妹。貝琪說比起歐文，那兩個根本是野孩子，歐文則從沒讓他們操過心。歐文平和細心，兩個小的卻是衝動又不受控。貝琪記得有一次最小的發起脾氣，她想制止時，他的頭猛然後仰，她的下巴差點被他撞破。艾瑞克說歐文立即扮演家中的配合者，夫妻倆成天忙著為兩個小的滅火，歐文則隱身幕後。

歐文進入中學，這是他首度能在一個學校超過一年。他穿著中學男生的標準服裝：及膝運動襪、球鞋、體育短褲和帽T。但六年級第一天早上，他做了一個觸犯社交大忌的決定：用媽媽的髮膠把捲髮往後抹平。

他到校沒幾分鐘，一群七年級生發現了他，把場面弄得很誇張，他的綽號變成「油滑小子」。「他們真把他剝了皮。」艾瑞克說。忠於自己的歐文，在校變得愈來愈隱形，就像在家裡一樣。貝琪說他對頭髮也愈來愈執迷。她不斷幫他買新產品，因為歐文一直想找到能讓他感到自信的東西。她甚至帶他上她的時髦髮廊，並跟設計師說「他想怎樣就幫他弄」，但歐文仍無法擺脫被稱作「油滑小子」的詛咒。

此外，來到青春期的歐文，還沒抽高先變重。六到七年級的暑假，一次游泳比賽，妹妹走到他面前，當眾將手指戳進他的肚子。艾瑞克說他看到歐文的臉色，知道那一刻歐文終於被擊潰了。

那週尾聲，游泳教練在練習前先在泳池邊貼出公告，上面是被選入全明星賽的名單，努力了一整季的歐文也在其中。艾瑞克去接歐文時看到告示，非常高興。但上車後，歐文說他不要參加，因為他不想讓其他泳池的孩子看到他穿泳褲的模樣。

那一刻，艾瑞克決定插手。

圍堵

控制敘事

在歐文信心產生危機這段期間，父母一直給予他關愛及支持，願意全力相挺（同時還得照料兩個小的並顧好工作）。他們支持他的興趣，當他想嘗新時也很鼓勵，包括足球。但此前他們從未直面歐文的信心問題，直到游泳比賽事件。

艾瑞克在全明星賽名單出爐第二天，帶歐文外出晚餐，以便私下對談。他開門見山說：「歐文，我想你以爲有自信對某些人來說很自然，對其他人則否。但那並非有人天生如此而有人不是。那是可以學會的。」

艾瑞克談起貝琪的哥哥作爲例子，他前不久才來探視他們。身爲幾大品牌的執行長，事業非常成功，歐文的舅舅看起來就是天生有自信的人。但艾瑞克指出，那些讓他成功的因素，諸如他的魅力、決心和自信，都是可以透過學習而來的。「我看到你妹妹在比賽時戳你的肚子，你有多麼受傷，我想著你覺得你會一直困在這種感受當中。」艾瑞克說。接著他說如果歐文願意學，就能改變對自己的觀感，而艾瑞克能幫忙。

歐文的第一個反應是，艾瑞克想當他的諮商師。「爸，我不想成為你的個案！」等艾瑞克解釋他會另請高明，歐文便接受了這個構想。

肯定孩子

艾瑞克告訴兒子，他能學著去改變自己，這是非常具有肯定力量的。我想起一場名人訪談也曾讓我有同樣的感受。史蒂芬．李維特（Steven Levitt）在他的播客節目《我（非常）仰慕的人》（*People I (Mostly) Admire*）第十三集，訪問了權律（Yul Kwon），如果你有看電視眞人秀《我要活下去》（*Survivor*），大概就認得這個名字，因為他贏得庫克群島那一季。權律當過律師、聯邦調查局講師、谷歌的營運策略師。重點是，權律的成就不僅很高，而且如果你在電視上見過他，就知道他還非常英俊。你可能以為這是一個有贏家基因的天之驕子。但在這集播客中，他談及身為移民之子，總感覺自己格格不入，是個局外人，中學時還遭受過霸凌。他一直沒有自信，直到姊姊告訴他，他可以改變。他可以全面評估不喜歡自己的地方，致力加以改變，一次一個。

肯定孩子，意味著告訴他們你欣賞他們的部分，但當對象是充滿懷疑的青少年時，這可能會有反效果。即使他們沒有說出口，但可能會在心裡抗辯，反駁你的所有觀點。因此，有時能對孩子說的最肯定的話是：「你能改變。你夠聰明、夠堅強，你辦得到的。」

如果你的孩子很缺乏自信，我非常推薦你們一起聽聽這集訪談。

解決

採取行動

當歐文同意聽取更多意見，幫他改變他不喜歡自己之處，艾瑞克與貝琪立刻找人協助歐文培養他需要的武器。他們從觀察兒子中了解到，教育是他們能採取的最好方法。有別於書中其他案例，歐文不需要定義後果、重建信賴、致歉等等，他需要的是去認識更多可用資源，讓他整備各項武器，打造出他想要而還沒具備的形象。

教育

艾瑞克覺得自己和妻子做錯了一件事：在歐文還小的時候，就那樣接受了他順從溫和的天性，總忙著應付下面兩個弟妹帶來的種種磨難。他知道，年輕人要有韌性，關鍵在於有一個全心幫助他的人。所幸，艾瑞克認識一位很適合當歐文導師的人。

加貝是小兒科醫師，住在附近，有兩個學齡前的女兒，大家公認他是一位友善、風趣、喜愛運動的爸爸。艾瑞克問加貝，時間允許的話，是否願意偶爾跟歐文投投球，聊聊傳遞與感到自信的基本技巧。艾瑞克知道對歐文直說很重要，所以他告訴兒子，加貝行醫幫過很多青少年，所以能在跟他投籃時給予他提高信心的實用建議。比起坐在諮商室，歐文很喜歡這個主意，而且他希望自己能感到更好，便同意了。加貝傳簡訊給歐文，提議兩人週六早上在車道投籃十五到二十分鐘左右，然後一邊聊聊。

那些時候，加貝談了很多肢體語言和言語溝通。他鼓勵歐文在社交時敞開思考過程。讓艾瑞克夫妻意外的是，加貝隨口說到歐文的注意力不足過動症（ADHD），可能是造成他在學校常感到自己被冷落的原因。貝琪對加貝認爲歐文有此疾患感到十分訝異，因爲他的舉止一點兒也不像弟弟妹妹；兩個小的都被診斷是ＡＤＨＤ，最後也都有服藥。兩個小的狂野，歐文沉靜，所以艾瑞克與貝琪從沒想過歐文也有ＡＤＨＤ。而歐文的症狀顯示爲無法專心，那影響到他的社交及課業表現。當一群人聊天時，某人也許說了有邀請意味的話：「我要看那部新電影」，歐文因爲分心，無法注意到這線索進而抓牢。他錯失了與其他孩子連結的機會，總怪罪是自己的問題，卻不曾意識到其他人有想要跟他連結，但他沒注意到他們丟出來的餌。

貝琪和艾瑞克很懊悔拖太久才讓兩個小的吃藥。醫生第一次建議時，他們想說只要他們更盡力當好爸媽，就能克服這種問題。最終他們理解到無法改善，願意嘗試用藥，並透過支撐網討論用藥的優缺點。經歷了兩個小的服藥後的好處，他們馬上讓歐文開始用藥，結果讓他們三人都非常高興。

歐文九年級前的暑假，繼續偶爾跟加貝投籃。等他開學走進教室，整個人感覺上及看上去都不一樣了。依照加貝的建議，他也買了台健身椅，開始在車庫練身體。高中的歐文跟兩年前的歐文大異其趣。艾瑞克與貝琪認爲有一點很重要，那就是他們從沒跟歐文說他需要改變身材。貝琪說：「我們不希望他或他生命中的任何人，對他的身材感到恐慌。」不過，對肢體語言有信心，也進而導致了運用肢體的自信。隨著歐文找到他喜歡的運用方式，他的身體素質開始跟上逐漸展現的自信。

不多久，歐文交了朋友，也與其他大人有所連結，包括教練以及朋友的父母親，眾人在加貝建立的基礎上陸續提供指引。

前進

鑑別你的恐懼

歐文能專注於自己，發展出成爲自信大人所需的技巧，讓艾瑞克與貝琪感到既安心又驕傲。

但這並未掃除他們所有的恐懼。他們擔憂以下幾件事：

他已安然度過這項挫敗了，還是某件事會再度掀起他的自我懷疑？

他們在歐文小時候不斷搬家的決定，造成歐文不快樂的童年嗎？那可是他們在自己慘痛童年後所全力避免的。

歐文會覺得兩個小的影響到家庭氣氛和他的自信，因而討厭他們嗎？

第一個恐懼是不知道歐文是否會倒退成爲過去的自己，這是父母很難放下的焦慮。當一個人經歷了個人成長，便沒理由擔心他們有變回過去的危險，因爲這與成癮不同。我想艾瑞克和貝琪可以相信，隨著歐文有更多的經歷來強化他的信心，一段時間後回頭看他痛苦的中學時期爲他開啓了認識自我的契機，並感謝這樣得來的知識勝過不勞而獲的成功，他將只會繼續向前邁進。

多數父母會在某個時間點懷疑自己曾傷害了孩子，不知當初怎樣做才不會把事情搞砸。但每個孩子的成長過程中都需要（也應該）面對逆境，這樣才能學會如何應付。父母不需要（也不應該）製造逆境，它自然會出現。父母要做的只是讓孩子學習面對。

除了貝琪和艾瑞克曾度過的那種眞正的創傷，我想大多數孩子回顧童年大都是帶著某種歡樂驕傲的懷舊之情，而非批判的眼光。貝琪無意間聽到歐文跟足球隊朋友說他小時候住過一些很酷的地方，心頭不禁卸下了一塊大石。如果你也有這類擔憂，又沒那麼好運聽到能撫平它的故事，不妨直接問孩子，他們會如何描述童年時光：最不好過的，最好玩的，最有意思的，最好笑的，最無聊的。丟出一些「最」字級的提問，他們的答案可能會讓你大吃一驚。

先面對一種恐懼

在他們所有的憂慮中，艾瑞克和貝琪最怕歐文會討厭弟弟妹妹。他們知道必須先跟兩個小的談，讓他們知道哥哥經歷過什麼，之後再全家一起確保兩個小的理解他們的行徑對別人的影響。身爲諮商師，艾瑞克非常知道如何處理情緒化的家庭氛圍，再透過家庭會議的型態，他和貝琪讓所有人都帶著尊重開口（這些孩子都很會使用「我」開頭的陳述，而非做出指控），也都能獲得充分的聆聽。其間不免有些尷尬時刻，但整體來說，他們相信歐文有感受到被認可，妹妹也比較明白自己當眾開他玩笑造成的情緒影響。

捍衛孩子的權利法案

練習對自己的身體做出明智的決定

一般而言，我會認爲這項權利涉及比較永久性的決定，如醫療決定、穿耳洞、玩危險運動之類的。但就歐文來說，他需要探索和不斷練習他的權利，去感覺對自己的身體及髮型有自主權，而不用怕人家怎麼看。歐文的父母也許會擔心沒有他們在一旁認可或指導怎麼搭配或造型，兒子會再次成爲笑柄。他們應該抑制任何一絲想指使孩子如何呈現自我的意圖。歐文要能脫離現況向前邁進，尤其作爲較大的青少年，他必須有充分的身體自主權，即便他染髮、抹油後推、或者穿了件讓爸媽緊張的衣服。歐文愈這麼做，爸媽和同儕就愈明白這只是他的一部分，而當他們接受這點，就不會再說什麼了。那時，他的信心就能不再受別人反應的束縛。

獲得無罪推定

艾瑞克夫妻必須時時謹記的另一項權利是，歐文應獲得無罪推定。曾見到孩子受自我懷疑之苦或是很難在同儕中找到自我，這樣的父母都知道這種心疼揮之不去，就怕若自己假設歐文沒事，會疏於照顧好他的傷口。實際上，若把那些經歷置於後照鏡，他們對歐文顯示的是，他有能力照顧好自己，毋須父母時刻照應。記得孩子還小時膝蓋跌破皮，當你查看傷口做了處理，你若把他們扶起站好，保證他們沒事，然後引導他們做下一件事，不陷於難堪、氣惱、疼痛當中，他們就會相信你。別跳過提供照料的步驟（以歐文的例子，是請加貝協助指導），而一旦完成，就該大步向前。這是孩子跌倒後需要的無罪推定。

看向全新

歐文的無罪推定權，完全繫於父母在他身上看到新的東西，幫他擺脫自我懷疑，往前邁進。隨著孩子長大，家庭氛圍持續演進，貝琪和艾瑞克開始思索如何視歐文爲家中的一分子，也視他爲他同儕的一分子。有趣的是，讓他們做到這點的，是回到過去。在一次前往山間的家庭旅遊，歐文誇耀著他們三人當年住在山上的趣事，而兩個小的根本不記得。他提到他的樹屋、他跟爸爸去釣魚的小溪，都是愉快而非難過的回憶。曾因頻繁搬家感到愧疚的艾瑞克鬆了一口氣，就像貝琪聽到歐文跟朋友形容他曾住過的地方時一樣。有時，你不只能從自己身上看到新東西，也可從孩子身上發現。艾瑞克明白該爲搬家的事放過自己，與歐文一起感謝那麼多次的搬家帶給他們的贈禮。

相關常見問題之快問快答

Q 我女兒的成績向來優秀，在班上名列前百分之十，田徑也很出色。她爸爸和我都有上大學，我們一直以為她也會。現在她高一，是去參觀各大學的時候了。當我要她列出她想去看哪些學校時，她嚇壞了。現在她說她不想讀大學。什麼！我追問時，她說她怕離開家。我要怎樣說服她往下走是必須的，她不可能一輩子待在家裡？

A 如果她以前不曾這樣嚇到，可能是她一直忙著用功，從沒停下來思索這些目的何在。離家的念頭很嚇人，這可以理解，尤其是當這麼多事同時迎面而來。若是這樣，先讓她放鬆點，不妨建議去比較近的學校走走。如果那是她根本不認爲符合她風格的學校，更好——沒有要去念的打算，就只是去校園走走，感覺一下。看場魁地奇（quidditch）或足球賽，吃個午餐，漫步校園，然後回家。不提她會不會去念這裡（或任何學校），不跟別的學校比較，不誇說你覺得大學多有趣，畢竟你四十多歲了。當她目睹大學並非那種超級大、很嚇人、難以想像或離家很遠的地方，她可能就會自己說想再看看其他學校。

如果你細細回想，發現這種驚嚇好像有些徵兆，那麼可能就要借助醫療。你女兒有完美主義的傾向嗎？她這兩年的控制欲是否不斷提高？她的習慣（飲食、睡眠、運動）出現變化，即便起初還顯得健康？如果你能找出此前的種種變化，那麼她對大學的恐慌就不是憑空出現，而是一系列轉變中最明顯的一項。列出清單，然後我建議你找一位專精青少女焦慮的諮商師，研究你能怎麼幫女兒培養應付壓力的技巧。此外，時間表也會帶來過度的壓力，所以你的時間表不必非跟大家一樣不可。這個過程可以比她的同學們晚。

最後，我們這個社會習慣把四年大學視作高中畢業的必然途徑，尤其若高中成績又很優異的話。大可不必如此。如果把人生形容成種種選項的開放場域，而非既定步驟的狹窄系列，就令人放鬆多了。空檔年（gap years）、社區大學、職業學校、實習、志工、服兵役、全職工作，都是你女兒可以考慮的選項。

Q 我的孩子還在地上爬時就開始迷上音樂劇。他們在家愛唱，也參加教堂的兒童合唱團。他們的初中在IG上張貼有關音樂劇《小美人魚》試鏡的消息，他們興奮極了，打算爭取賽巴斯汀（Sebastian）一角。他們不停練習。〔如果我再聽到一次〈在海底〉（Under the Sea），我要淹死我自己。〕現在只剩下幾天，他們竟說不去了，因為太緊張。我該讓他們放棄，儘管已付出那麼多心血，還是該強迫他們，讓他們知道這只是緊張，如果不去，他們將會後悔？

A 如果你知道如何輕易強迫初中生做他們不願意做的事，寫信給我，我們一起合寫我的下一本書。

他們這個年紀，用胡蘿蔔要比用棍子有說服力。就算你把他們帶到試鏡室，拉下他們的下巴，你仍無法使歌聲從他們口中唱出來。但我了解你的意思。如果你認爲他們將會後悔（聽來頗有可能），跟他們說，試鏡後就帶他們去做某樣好玩的事。不要硬逼，試試丟個東西來緩衝緊張，看能否讓他們心動。

既然這聽來是典型的緊張，我們來想想是什麼造成不安，而什麼能使之鎮定。演出焦慮會帶來身體反應：心跳加速，口乾舌燥，發汗，顫抖。問問孩子，他們在想像試鏡時是否出現這些狀況。接著練習，當身體不聽話時如何讓它平靜下來。深呼吸，握緊拳頭，用力抖掉緊張——動作讓你拿回身體的控制權。再者，知道這點或許也有幫助：許多成功的藝人在上台前仍然非常緊張，他們說那最終幫了他們。把緊張重新定義成工具，而非敵人，可能會有幫助。

緊張也可能來自未知。這個情況充滿了未知，很容易嚇壞人。試鏡室會長什麼樣子？誰會在那兒？要上台唱還是在地板上唱？會馬上聽到回饋嗎？如果搞砸了，該怎麼做？若有人打岔，會唱不下去嗎？萬一忘詞怎麼辦？萬一絆倒怎麼辦？也許你的孩子可事先調查，請教戲劇老師或學長姐，你也可以幫他們彩排。他們在房間或浴室也許唱過幾百遍了，但現在是要練習如何自我介紹、有人打岔時怎麼辦等等。

Q 我女兒向來敏感，是朋友圈裡的跟隨者。她十五歲，有個好朋友喜歡主導一切，常說這類的話：「你該多上一點妝，因為你天生沒有很漂亮。」有一次她跟我女兒說：「男生不會注意你，你太害羞了。」我女兒跟我講這些，希望我幫她買新衣服和化妝品。她非常相信這位朋友。我不知道我該讓她嘗試不同的形象或性格，還是該拒絕，希望她明白這個朋友並沒有真心為她想？我怕我女兒的自尊下降，我想讓她感覺好些，但我不認為化妝品是答案。

十五歲女孩嘗試新的外表、體驗新的化妝品及服裝，完全符合正常青少年的發展，所以即便這位朋友聽起來不是很好，可能還非常沒安全感，我卻覺得不妨帶你女兒去逛街（不包括那位朋友），看看她想透過什麼樣的風格來表達自我。

「對，而且」，我想這是跟你女兒談談她及朋友的好時機——透過溫和、開放的問句。如果你批判她的朋友，她可能會幫她說話，那不是你想看見的。不如這樣問：

當她那樣講的時候，你感覺怎樣？

跟她出去，回來後你覺得比較好還是不好？

跟誰在一起讓你覺得開心？

你相信她的意見嗎？

什麼讓你覺得最好、最開心、最有自信？

一天當中，什麼時候你感到最滿足？

別把注意力放在這位朋友的不妥之處，而應放在女兒以及她的興趣上。外表是我們的一部分，你女兒希望能對她的外表滿意，那很合理。而她這個年紀可能還沒意識到的是，外表不只是她怎麼打扮的結果，更是她在人前綻放出的光芒。頭髮、化妝品、服裝很好玩，但這些都不是人們產生連結的橋梁。你不能敲她的腦袋讓她懂，但你能開始指出讓人充滿魅力的特質：開懷大笑，輕鬆交談，淘氣的幽默感，正向的態度。公式不存在，等她理解了，就不會拿人生去追逐某種公式，或是相信說有此公式的朋友。

板凳球員的一線希望

在《達標》一書中，費雪巴赫總結道，人需要兩種東西才能從挫敗中學習：忽略這個挫敗說明你是什麼人的能力，以及吸收你從這個挫敗中學到教訓的能力。當孩子無法相信自己，如果他們以爲那說明了自己是什麼樣的人，就可能陷在其中，難以脫身。而當父母把情況重新描繪成學習機會，而非嚴重的個人缺陷，孩子就能經歷豐富的社交與情緒成長。相對地，一個從未體驗過自我懷疑的人，恐怕並不值得來往。作爲板凳球員的一線希望就是，簡單而純粹。你不會養出一個傲慢自戀的未來領袖，而很可能你會養出一個細心周到的人，當他們度過這個成長階段，將會是個正面楷模，以及朋友、家人、同事的人生導師。

【後記】

走過挑戰，互相守護

我問過此書訪談的所有家長，如果給他們一條能揮去孩子艱困經歷的魔法棒，他們要嗎？所有人都說「不」，只有一個例外。

包括那飲酒過度住院的孩子，那經年沒有好友的孩子，那被勒令停學的孩子，那被校方視爲懶惰的孩子，那喪失一切信心的孩子，那幾乎無法與之共處的孩子。

如果是在孩子最困難的時刻提出這一問，我敢打賭，所有家長都會說：「給我吧。」但從另一端回望，每位家長都看到那段痛苦帶來的價值足以弭平一切的付出。唯一說「要」的那位家長也認爲，也許她還太置身事內，遂忍不住想要那魔法棒來揮去一切煩憂。

如果你正置身風暴中，保持耐性。謹記這些步驟：圍堵，解決，前進。謹記你和孩子都不必表現完美，步步爲營。有時會前進好幾步，有時則會後退個幾步，那都只是過程。

也請牢記，即便你已讀完此書，我仍將從旁協助。你可以從網站、社群媒體中找到我，或是我在臉書的「初中家長放輕鬆」群組。我也可以到你們的學校或組織來場激勵性談話。

我寫這本書的期望是，改變我們看待孩子挫敗、反抗、挫折的眼光，從中相互扶持。我再提供一點意見，供你作他人的後盾。

你能為有孩子在掙扎的家長做些什麼：

- 邀他們出去走一走。聆聽就好，說你不會多問。任他們清理大腦。
- 保證當一個保險庫。如果他們坦露細節，除非他們允許，你絕不會分享出去。
- 分擔雜務。幫忙遛狗或代買餐點。一頓飯，甚至一些便於準備盒餐的食材，都能讓他們喘一口大氣。
- 自告奮勇與孩子談談。別勉強，但主動做一次。
- 協助他們找到有類似經歷的支撐網。
- 讓他們知道，儘管你不知道該說什麼，你絕對跟他們同一陣線。
- 清楚表明，我絕不會批判你或你的孩子。這不過就是人生。
- 提醒他們，你最欣賞這孩子的什麼特質。

• 提醒他們，如果想宣洩孩子的各種問題，你隨時奉陪。

• 挫折正常化。每個人在成長之路上都會踢到鐵板。是的，令人沮喪和意外的事總是會出現，但那只是人生，並不反映你這個人。

• 別把朋友的事過度放大。不要每次碰面就「按那瘀傷」，舊事重提。聊聊其他的吧。

• 別要他們透露他人隱私。

• 別以異樣態度對待他們的孩子。

我希望這本書有促使你以新的角度，思考孩子（你的與其他人的）以及他們成長過程中犯的錯。失敗毋須是沒人想談的髒話，因爲那太可怕、負面且被汙名化。當我們彼此扶持，包括彼此的孩子，走過挫敗帶來的挑戰，也就一起營造出孩子學習和成長的安全空間，那不僅將造福他們，也將造福整個社群。

【附錄一】

解決挫敗的可行之道

- **教育**。範例：你發現孩子的朋友因未成年飲酒被逮，孩子很緊張，他們都很喜歡這個人，怕你不准他再跟這人打交道。你可以考慮：跟孩子一起閱讀飲酒對成長中大腦的影響、認識成癮的徵兆、上網了解並練習如何瀟灑地拒絕癮品，或是研究協助朋友度過難關的方式。
- **定義後果**。範例：孩子分心而再次把家裡的車子撞壞。你可以考慮限制他用車，或是負責償還你的保險費率增加的部分。
- **促進連結**。範例：孩子愈來愈不跟家人、朋友往來，線上線下都遠離同儕。你可以幫他們尋找契機建立新關係，彌補既有空缺。
- **重建信賴**。範例：孩子週末宵禁時間爲十點，他們會準時到家，然後又從窗戶溜出去跟朋友在公園打混。你可以考慮列出行動清單，在他們能力所及的範圍，向你保證他們有能力做出可靠的決定。

● **換個角度**。範例：同前例，時限不同。孩子週末得於七點半前到家。他們都準時回來，然後又從窗戶溜出去跟朋友在公園混到八點半。你可以試著尋找新的觀點，看怎樣能合理地保障孩子的安全，檢視你的嚴格規定怎樣導致孩子反抗。

● **啓動介入**。範例：青春期的女兒與年長男友發生性關係，不僅沒有做保護措施還喝了酒。你可以尋求心理保健方面的專家介入，由他們評斷如何保障孩子的安全。如果專家建議，住院治療或許是必要的。

● **重訂優先順序**。範例：孩子跟你說他們不覺得自己的性別正確，常生起自殘的衝動。重訂優先順序可能意味著研究一個你從沒認真看待過的議題，也可能意味著此際得多花心思及時間在這孩子身上，還有，教育以及跟支持並接納孩子的人們建立關係。

● **致歉**。範例：趁著朋友的父母出遠門，孩子帶啤酒去他家開飲，被鄰居檢舉。除了訓誡及教育，你還應該好好致歉。如何好好致歉，參閱本書第112頁。

● **彌補和賠償**。範例：借用上例，但複雜一點。孩子趁朋友的父母出遠門，帶啤酒過去開飲，還打破一個相框。顯然地，致歉有其必要，但恐怕還不夠，因這朋友的父母沒錢更換相框。理想上，所有在場飲酒的孩子都需一起分攤修復或更新相框的錢。必要時還有清理的費用。

【附錄二】

孩子的權利法案

青少年有權：

I. 犯錯並有修補的機會

II. 保有某些隱私

III. 冒險

IV. 選擇自己的朋友，與同儕相處

V. 練習對自己的身體做出明智的決定

VI. 獲得無罪推定

VII. 談判與自我倡權

VIII. 自行決定信奉的理念

IX. 就任何議題從各種角度及來源汲取正確資訊

X. 尋求獨立，不被照護者搾取個人、情感、財務上的利益

致謝

我不知自己何以如此幸運，擁有這麼多聰明風趣又仁慈的朋友及同事。可能我聽來像跳針的唱盤，但各位皆如我所形容則是不容否認的事實。

深深感謝：

安娜·斯普勞爾·拉蒂默（Anna Sproul-Latimer），我了不起的經紀人，總能及時爲我指點迷津。我不認爲自己能寫出如你那般清晰睿智的文字，但有此標竿，我確實有了進步。

瑪妮·柯克蘭（Marnie Cochran），我在企鵝藍燈書屋（Penguin Random House）的編輯，回覆如電，支持無限，聰明踏實，貫徹到底。說眞的，我怎麼這麼幸運啊？

奎恩·戴維森（Quinn Davidson），我近二十載的工作夥伴，讓我井然有序，無後顧之憂，更棒的是，其翻天覆地的幽默感更讓我心智健全。

貝齊·索普（Betsy Thorpe），我長久以來的地方編輯，無時不在，有得商量，睿智熱忱，是我的神奇八號球，總是我第一個求教的對象。

蘿希・茉莉納瑞（Rosie Molinary），伴我出過一本一本又一本著述，幫我擊碎沿途出現的寫作路障。你是我的落錘。

吉兒・戴克絲（Jill Dykes），我的宣傳，致你那些溫暖、充滿創意與精妙的點子。每當我無以爲繼，四顧茫茫，你總能點出方向。

查克・豪雅（Chuck Heuer），父親，我終生的靠山和指引。

登・歐瑪莉（Dawn O'Malley），致十六年來的友誼，免費諮詢，寫作提點，還有不可不提的爆笑短劇。沒有你，我撐不過養育青少年的階段。

海莉・薇佛（Haley Weaver），這本書的設計者，你爲世界帶來的美好創作，致你的脆弱、幽默與情誼。

凱特・薇佛（Kate Weaver），致我遇到瓶頸時得以回到正軌、一路有你扶持關懷的歲月。你不知道我有多麼崇拜你。

泰咪・瓊斯（Tammy Jones），我的社群媒體經理人暨我的密友。外表和心靈，我倆宛如雙生。中學時的我又在呼喚了……明天我倆要穿什麼？

梅麗莎・密勒（Melissa Miller），爲我的人生注入你的完美平衡：眞摯與幽默，冒險與穩健，悠哉與刺激。如果你的名字出現在任何異教中，我會欣然入會。

蘿倫．紐斯（Loren Neus），寬容地聆聽及回饋，提醒我要照顧好自己，協助我從正反兩面剖析教養事。

史黛西．尤佛納夫（Stacey Yovanoff），致你的慷慨、仁慈與愛心。每當我亟需時便出現眼前的咖啡或奶昔足爲見證。

克莉絲汀．黛麗（Kristin Daley），謝謝你樂於分享你的超級大腦與相關資訊，關於科學、關於爲人。

比利．西蒙（Billy Simone）與傑夫．藍戈尼（Jeff Langone），致你們的行銷建議、內建的焦點小組，還有喜劇時光。九年級以來的長期夥伴。現在你們擔著沒任何版稅可領的重責大任。

珍娜．葛萊瑟（Jenna Glasser），致Zoom的寫作靜修、不時的噓寒問暖，以及一輩子的情誼。你讓我覺得正值最美好的十六歲。期盼再數十載的嬉戲人生。

莎拉．康諾利（Sarah Connolly），地球上我最長久的朋友，因而我得到那許多，像是能藉助你的智慧、幽默、韌性及不可思議的仁慈心。謝謝你守護過往歲月。來約過夜暢談吧？

崔西．柯提斯（Tracy Curtis），對坐寫作的夥伴，讓我不時開懷，又讓我回到工作模式。最頂尖的文字遊戲師，讓我更犀利。

約翰・道菲（John Duffy），致你對十一章的貢獻與洞見，以及你在推特的卓越巡弋。

瑪麗・柯羅（Mary Crowe）、凱莉・貝瑞（Kari Beery）和柯瑞斯塔・海斯（Krista Hays），你們最了解長壽至上。盼望與你們同時共度十八歲與五十歲。

克萊拉（Clara）與傑克・赫倫（Jack Herron），在我打理此書最後那幾週，伸援幫忙遛伯特與李維。

更重要的：

德克蘭・艾柯德（Declan Icard），我能想像最棒的兒子，適時提醒我不用太積極，鼓舞我留點空間給自己，時時在我腦中問著：「何不就今天？」對我循循善誘，永遠參與一切，讓家人敞開心胸，保持好奇，且絕對不差惡作劇。

艾拉・艾柯德（Ella Icard），我能想像最棒的女兒，幫我保持資料的參考價值，如此堅毅不拔，如此柔軟心腸，看了十五遍的電影仍能使你落淚；如此懂得感恩，守護傳承。

崔維斯・艾柯德（Travis Icard），與我偕老。唯有與你，我想生兒育女，一同遛狗，環遊世界，共玩字謎，品味雞尾酒，嘗試新食譜。

最後，席拉・豪雅（Sheila Heuer），我的母親，在我寫這本書期間離世。我無言以對，仍勉力投入此書的寫作。不管您在哪兒，只盼藍莓正熟，大選如您所願，狗兒們全憩息在您腳邊。

國家圖書館出版品預行編目（CIP）資料

幫助孩子成功的八種挫敗：如何陪伴孩子度過逆境，長成內心強大的大人？/ 米雪兒 · 艾柯德（Michelle Icard）著；劉凡恩譯. -- 初版. -- 新北市：橡實文化出版：大雁出版基地發行，2024.05
面： 公分
譯自：Eight setbacks that can make a child a success : what to do and what to say to turn "failures" into character-building moments
ISBN 978-626-7441-17-6（平裝）

1.CST: 自我實現 2.CST: 挫折 3.CST: 兒童教育

173.1 113003447

BC1131

幫助孩子成功的八種挫敗：
如何陪伴孩子度過逆境，長成內心強大的大人？

Eight Setbacks That Can Make a Child a Success:
What to Do and What to Say to Turn "Failures" into Character-Building Moments

---

作　　者　米雪兒 · 艾柯德（Michelle Icard）
譯　　者　劉凡恩
責任編輯　田哲榮
協力編輯　劉芸蓁
封面設計　斐類設計
內頁構成　歐陽碧智
校　　對　蔡昊恩

發 行 人　蘇拾平
總 編 輯　于芝峰
副總編輯　田哲榮
業務發行　王綬晨、邱紹溢、劉文雅
行銷企劃　陳詩婷
出　　版　橡實文化 ACORN Publishing
地址：231030新北市新店區北新路三段207-3號5樓
電話：(02) 8913-1005　傳眞：(02) 8913-1056
網址：www.acornbooks.com.tw
E-mail信箱：acorn@andbooks.com.tw
發　　行　大雁出版基地
地址：231030新北市新店區北新路三段207-3號5樓
電話：(02) 8913-1005　傳眞：(02) 8913-1056
讀者服務信箱：andbooks@andbooks.com.tw
劃撥帳號：19983379　戶名：大雁文化事業股份有限公司

印　　刷　中原造像股份有限公司
初版一刷　2024年5月
定　　價　480元
I S B N　978-626-7441-17-6